Alles Kürbis!

Sorten, Deko-Ideen und Rezepte

blv

BRIGITTE SCHÖNER
HANS STREICHER

Inhalt

Der Kürbis – eine Erfolgsgeschichte

Im Herbst kann sich keiner dem Reiz des Kürbis entziehen! An jeder Ecke weckt er als farben- und formenfrohe Dekoration gekonnt Aufmerksamkeit und verwandelt sich in leckere Gaumenfreuden. Die vielfältigen Kürbisfrüchte gewinnen immer mehr Freunde und werden nahezu ganzjährig in üppiger Sortenfülle angeboten.

Renaissance eines alten Gemüses?

Gelegentlich wird im Zusammenhang mit dem Kürbisboom von einer Wiederentdeckung oder sogar Renaissance eines alten Gemüses gesprochen. Doch das ist nicht ganz zutreffend. Bis vor wenigen Jahren wurde der Kürbis hierzulande eher stiefmütterlich behandelt: im Garten bestenfalls in einer Ecke geduldet oder als Schattenspender auf den Kompostplatz verbannt.

In Deutschland war noch vor ein paar Jahren neben den Zierkürbissen fast ausnahmslos nur eine einzige Kürbissorte zu finden, der bekannte 'Deutsche Gelbe Zentner'. Die Sorte liefert zwar große Früchte, diese sind jedoch wegen ihres faden Geschmacks als Gemüse nicht sonderlich begehrt. Nur in Notzeiten wurde der 'Gelbe Zentner' mehr geschätzt. Süßsauer eingelegt lieferte die Frucht ihren Beitrag zur Nahrungsversorgung.

Kürbisse haben ihre Heimat in tropischen und subtropischen Gebieten. Ein Anbau dieser wärmeliebenden Pflanzen ist deshalb in unseren Breiten aus klimatischen Gründen nur begrenzt möglich. Erfreulicherweise wächst im Saatguthandel das Angebot an Sorten, die sich auch zum Anbau in unserem Klima eignen. Damit können wir endlich auf Saatgut guter Speisekürbis-Sorten zugreifen, die in anderen Ländern zum Teil bereits seit Jahrhunderten angebaut und gezüchtet werden.

Der Kürbis gilt als die älteste Nutz- und Kulturpflanze der Menschheit und ist bis heute in den tropischen und subtropischen Gebieten der Erde ein wichtiger und unersetzlicher Bestandteil in der Nahrungsversorgung. Allein in den Mittelmeerländern Spanien, Frankreich und Italien werden alljährlich etwa eine Million Tonnen Speisekürbisse geerntet und vermarktet – Zucchini mit eingerechnet. Annähernd die gleiche Menge wandert in Japan in die Küchen. Absoluter Spitzenreiter in Anbau und Verbrauch von Kürbissen sind Indien und China.

Ägypter, Griechen, Römer und viele afrikanische und asiatische Völker kannten schon früh den Kürbis. Allerdings handelt es sich dabei um den in Afrika beheimateten Flaschenkürbis *(Lagenaria siceraria),* der auch als Kalebasse bekannt ist. Die jungen, noch nicht holzigen Früchte sind ähnlich wie Zucchini als Gemüse verwendbar – ihren Hauptnutzen erbringen Flaschenkürbisse jedoch nach vollständiger Ausreife und Verholzung der Schale.

Damals wie heute finden Kalebassen in zahlreichen Ländern vielfältige Verwendung: Sie werden zu Schüsseln, Tellern, Schöpfkellen und Löffeln, zu Vorratsbehältern für Nahrungsmittel und zu Schwimmbojen an Fischernetzen, zu Musikinstrumenten wie auch Werkzeugen verschiedenster Art verarbeitet. Selbstredend verdrängen in der heutigen Zeit immer häufiger Plastikartikel dieses wertvolle Naturmaterial. Als reich beschnitzte und verzierte Kunstwerke sind Kalebassen jedoch nach wie vor hoch geschätzt.

Von seinem Ursprungsgebiet Afrika aus hat sich der Flaschenkürbis schon vor Jahrtausenden vermutlich auf ganz natürliche Weise weltweit verbreitet. Die Früchte überquerten – ähnlich wie Kokosnüsse – schwimmend den Atlantik und erreichten auf diese Weise lange vor Kolumbus Amerika.

Bei der Namensgebung spielte Kolumbus eine tragende Rolle. Im Dezember 1492 sah er auf Kuba Früchte, die den bisher in Afrika, Asien und Europa wachsenden Flaschenkürbissen sehr ähnlich sahen. Dabei handelte es

In Mexiko werden Kalebassen vor ihrer Weiterverarbeitung zum Trocknen aufgehängt.

sich um Kürbis-Arten, die bis dahin nur auf dem amerikanischen Kontinent vorkamen. Man nannte sie so wie den in Europa bekannten Flaschenkürbis: »Cucurbita«. Diese Namensgebung führte zu einer bis in heutige Tage andauernden Sprachverwirrung und brachte manche Verwechslung mit sich. Aus dem damals für den Flaschenkürbis gebräuchlichen lateinischen Wort »Cucurbita« wurde im Althochdeutschen unter Weglassung der ersten Silbe das Wort »Kurbitz«. Daraus entstand das Wort »Kürbis«. In Spanien wird der Kürbis dagegen »Calebaza« genannt.

Der Kürbis und seine Samen wurden – wie andere Mitbringsel aus der Neuen Welt auch – schnell ein begehrtes Gut. Der Anbau gelang im warmen Klima der Mittelmeerländer problemlos. Im Gegensatz zu manch anderen aus Amerika mitgebrachten Pflanzen, wie zum Beispiel die Tomate und die Kartoffel, wurde er von Beginn an als eine willkommene Ergänzung der damals oft einseitigen täglichen Nahrung verwendet. Dies lag wohl daran, dass der Neuankömmling viel Ähnlichkeit mit den damals in der Küche verwendeten Früchten von Gurken und Melonen zeigte.

Die Seefahrer der damaligen Zeit trugen – meist ganz unbeabsichtigt – zur raschen und weltweiten Verbreitung des Kürbis bei, denn er war auf den langen Seereisen als eine haltbare Ergänzung des Bordproviants geschätzt. Auf diese Weise gelangten Früchte und Samen in ferne Länder. Überall dort, wo die Pflanzen im Sommer die notwendige Wärme und Feuchtigkeit für Wachstum und Reife der Früchte fanden, etablierte sich der Kürbis relativ schnell.

Auch in den kühleren Ländern Mittel- und Nordeuropas blieb der Kürbis kein Unbekannter, doch der Anbau dieser wärmebedürftigen Pflanze war hier weniger erfolgreich. Für die Verbreitung im Norden waren vermutlich holländische Handelsfirmen verantwortlich, was Ausgrabungen in der Amsterdamer Altstadt belegen. Dort wurden in Ablagerungen aus dem 17. Jahrhundert Kerne des Gartenkürbis gefunden. Sie überdauerten zusammen mit anderen Überresten von Nahrungsmitteln die Jahrhunderte. Auch aus Orten in Ostdeutschland sind

Funde bekannt, die dieser Zeit zugeordnet werden. Vor allem über Venedig gelangte der Kürbis in die ganze Welt. Die damals führende Handelsmacht hatte Niederlassungen im gesamten Mittelmeerraum und unterhielt rege Handelsverbindungen nach Afrika und Asien. Im Handel mit Österreich und Ungarn bezahlte die Stadt Waren, zum Beispiel Schlachtvieh, unter anderem mit Kürbissen. Seit dieser Zeit hat der Kürbisanbau in Ungarn und in der Steiermark Tradition. Bereits 1568 wurde der Kürbis auf einem Speiseplan einer Grazer Stiftschule erwähnt. Aufzeichnungen aus dem 17. und 18. Jahrhundert berichten von einem umfangreicheren Kürbis-Anbau in Österreich, der bald neben Lein, Raps und Mohn fester Bestandteil der Landwirtschaft wurde, wie eine Schrift aus dem Jahre 1773 mit dem Titel »Anbau und nützlicher Gebrauch der Kürbisse« belegt.

Bevor die Drehscheibe erfunden wurde, dienten Kalebassen und Kürbisse als Model bei der Herstellung von Tongefäßen. Die mit frischem Ton ummantelten Früchte verbrannten beim Erhitzen im Feuer und das fertig gebrannte Gefäß konnte entnommen werden.

Allerdings konnte der Weg des Kürbis zu uns und in andere Länder nicht immer exakt nachgewiesen werden. Manches lässt sich heute nur noch vermuten, da im Mittelalter und bis ins 16. Jahrhundert hinein die ursprünglich aus Amerika stammenden Kürbisse sehr häufig mit dem Flaschenkürbis sowie mit Melonen und Gurken verwechselt wurden.

Eine vor mehr als 100 Jahren entdeckte Mutante des Gartenkürbis liefert die sehr begehrten schalenlosen und olivgrünen Kürbiskerne.

Die dankbare Kombination von Bohnen, Mais und Kürbis gilt als indianisches Erbe. Sie kam vor etwa 100 bis 200 Jahren beim zweiten und etwas erfolgreicheren Versuch, Kürbisse in Mittel- und Nordeuropa anzubauen, zum Einsatz. Hier die Vorgeschichte: Im November 1692 landete das Schiff »Mayflower« an der Küste Nordamerikas mit den ersten englischen Kolonisten an Bord. Während etwa die Hälfte der 102 Pilgrimsväter im ersten Winter verhungerte, überlebten die anderen nur deshalb, weil ihnen Indianer Nahrungsmittel brachten – darunter Bohnen, Mais und Kürbis.

Die Siedler steckten im Frühjahr einige Samen in den Boden und die gut gedeihenden Früchte wurden bald zu einer lebenswichtigen Nahrungsquelle. Aus Freude und Dankbarkeit feierten sie deshalb im Herbst gemeinsam mit den benachbarten Indianern drei Tage lang ein friedliches Fest. In Erinnerung daran veranstalten die Amerikaner noch heute am letzten Donnerstag im November ihren »Thanksgiving Day«. Zu dessen traditionellem Festtagsmenü gehört der als »Pumpkin Pie« bekannte Kürbiskuchen.

Wie wir aus der Geschichte Nordamerikas wissen, war dieses gedeihliche Miteinander von Siedlern und Indianern leider bald beendet, denn nachfolgende Einwanderer aus ganz Europa verdrängten die Ureinwohner mit Gewalt. Doch der von den Indianern gepflegte Kürbis-Anbau wurde übernommen und weitergeführt, teilweise in der altbewährten Mischkultur mit Bohnen und Mais. Und noch heute besitzt eine Bucht an der Küste Nordamerikas den treffenden Namen »Pumpkin Bay« – die Siedler hatten sie so genannt wegen der vielen Kürbisse, die sie dort vorfanden.

Mit der Post an die in Europa Zurückgebliebenen erreichten auch bald Kürbiskerne die alte Heimat und mit ihnen Saatgut robusterer Pflanzen. Mithilfe dieser Samen aus den raueren Klimagebieten Nordamerikas gelang nun auch im ähnlich kühlen Deutschland ein etwas erfolgreicherer Kürbisanbau.

Eine speziell in Deutschland gezüchtete und angebaute Sorte entwickelte sich später daraus: der bekannte 'Deutsche Gelbe Zentner'. Er gedeiht dank seiner Robustheit in unserem Klima gut, aber die Qualität der Früchte ist nicht sehr hochwertig. Sie können eine beachtliche Größe erreichen, doch das Fruchtfleisch ist wässrig und nicht lange haltbar. Deshalb landete dieser Kürbis bevorzugt im Viehtrog und nur in Notzeiten als Lückenfüller auch in der Küche. In einer Zeit, als es hierzulande in der Landwirtschaft weder Maisanbau noch Grassilagefutter gab, wuchs diese Kürbissorte neben Rüben und Kartoffeln auf Äckern. Die geernteten Früchte wurden im Winter als wertvolle Vitaminquelle neben Heu und Stroh an die Stalltiere verfüttert.

Bereits lange Zeit vor dem heute um sich greifenden Halloween-Rummel durften Kinder im Herbst nach dem Einfahren der Kürbisernte das größte Exemplar aushöhlen und ein Gesicht ausschneiden. Das Kunstobjekt platzierten sie im Garten oder am Hauseingang. Bei Dunkelheit wurde eine brennende Kerze ins Innere gestellt und alle erfreuten sich an der freundlich oder schaurig leuchtenden Grimasse.

Mit dem Beginn besserer wirtschaftlicher Verhältnisse wurde die Zeit reif für eine grundlegend neue Kürbis-Epoche. In Italien und anderen südlichen Ländern machten deutsche Urlauber gute Bekanntschaft mit »Zucchini und Co.«. In Italien heißt Kürbis »Zucca« und kleine, jung geerntete Kürbisse heißen »Zucchini«.
Durch Reisen in ferne Länder und Kontinente sowie durch bei uns lebende Mitbürger verschiedenster Nationalitäten und deren Ernährungsgepflogenheiten lernten wir Deutsche bisher unbekannte, aber hervorragende Kürbisgerichte und Kürbissorten kennen. So trägt zum Beispiel eine inzwischen bei Kürbisfreunden sehr ge-

schätzte Entdeckung den Namen ihrer Herkunft: der 'Hokkaido'-Kürbis. Dieser Sortentyp mit ausgezeichneter Fruchtqualität, schöner leuchtend roter Farbe, praktischer Haushaltsgröße und langer Haltbarkeit lässt keine Wünsche offen. Er und andere Sorten mit ähnlichen Eigenschaften können als eine wertvolle Bereicherung für die Kürbisküche empfohlen werden.

Dabei zählt der besonders hierzulande sehr bekannte und begehrte 'Rote Hokkaido' in seiner Heimat Japan eher zu einer seltenen Sorte. In ostasiatischen Ländern werden Kürbisse mit grüner oder grauer Schalenfarbe bevorzugt. Diese Kürbisfrüchte gelten hierzulande als wenig attraktiv. Sie werden deshalb kaum beachtet – völlig zu Unrecht. Vor allem die in Japan, Australien und Neuseeland gezüchteten grün- und grauschaligen Sorten zählen mit zu den qualitativ besten Speisekürbissen. Für die Zubereitung von Gemüse sind sie hervorragend geeignet und zu empfehlen. Wer im Herbst nach Ende der Urlaubs- und Badesaison in unsere südlichen Nachbarländer reist, kann dort Früchte dieser Sorten auf den Märkten finden. Dort werden sie bewundert, bis sie zu köstlichen Speisen verarbeitet werden.

Der jüngst aus den USA zu uns gekommene Halloweenkürbis hat uns zwar einen schönen Brauch beschert, für die Zubereitung schmackhafter Kürbisgerichte ist dieser hohle Typ allerdings nicht zu empfehlen. Heute in den Gemüseauslagen angebotene Kürbisse haben mit dem 'Gelben Zentner' und dem Halloweenkürbis in etwa soviel gemeinsam wie zarte Speisekarotten mit großen Futterrüben.

Knallbunte Zierkürbisse sind sehr haltbar und dekorativ, aber wegen des bitteren Fruchtfleisches nicht essbar.

Wichtige Speisekürbis-Arten

Wer die inzwischen bei uns angebotene Vielfalt der Kürbisfrüchte in der Küche testet, wird nicht nur vom Aussehen her Unterschiede feststellen können. Die verschiedenen Sortentypen eignen sich jeweils für ganz spezielle Zubereitungsarten. Auch beim Anbau im Garten verhalten sich die Pflanzen der verschiedenen Sorten in ihrem Wachstum unterschiedlich.

Es gibt für weniger günstige Klimagebiete den robusten Gartenkürbis. In Regionen mit Weinbauklima gedeiht auch der Moschuskürbis zuverlässig. Wer die markantesten Eigenschaften kennt, kann die drei wichtigsten Speisekürbis-Arten leicht und zuverlässig an Blatt und Spross, aber auch an den Früchten und ihren Samen erkennen und unterscheiden. Am einfachsten sind die Fruchtstiele unterscheidbar – das gelingt selbst mit ungeübtem Auge.

Bewährte Speisekürbis-Arten sind

- der Gartenkürbis *(Cucurbita pepo)*,
- der Moschuskürbis *(Cucurbita moschata)* und
- der Riesenkürbis *(Cucurbita maxima)*.

Diese drei Arten sind in verschiedenen Klimagebieten Amerikas beheimatet, woraus vor allem unterschiedliche Wachstums- und Wärmeansprüche resultieren.
Die Unterscheidung der Arten ist für den Anbau der Pflanzen und die Verwendung der Früchte zweckmäßig. Leider wird dies von einzelnen Saatgutvertreibern nicht immer berücksichtigt. Auf den Samentüten fehlt in der Regel der Hinweis, welcher Kürbis-Art die Sorte angehört, die sich aus dem Samen entwickelt. Kataloge, in denen die Kürbisse nur nach Farbe oder Größe eingeteilt werden, sind ebenso wenig hilfreich.

Kürbisarten sind am Fruchtstiel erkennbar: Riesenkürbis mit rundem Stiel.

Gartenkürbis mit deutlichen Längskanten am dünnen Stiel.

Moschuskürbis mit breitem Stielansatz an der Frucht.

Robust – der Gartenkürbis

(Cucurbita pepo)

Herkunft: Die Heimat dieser Kürbis-Art sind die höher liegenden und etwas kühleren Gebiete Mexikos und das angrenzende Nordamerika.

Anbau: Die Pflanzen sind nicht so wärmebedürftig wie die beiden anderen Arten. Sie gedeihen deshalb auch in klimatisch weniger günstigen Lagen. Wegen ihres schwächeren Wuchses und dem geringeren Platzanspruch eignen sich die Sorten auch für kleine Gärten. Vor allem die zu dieser Art gehörenden Zucchini werden heute weltweit in den gemäßigten Gebieten und sogar in Skandinavien kultiviert.

Gestalt: Die Blätter sind deutlich 3- oder 5-teilig gelappt oder eingeschnitten. Die Blattlappen sind mehr oder weniger spitz zulaufend. Blätter und Triebe haben eine kratzende oder leicht stechende Behaarung. Die Pflanzen entwickeln weniger Blattmasse und ranken meist weniger stark oder bleiben buschig.

Früchte: Die Früchte dieser Art besitzen einen dünnen Stiel, der ebenso wie der Spross deutliche Längskanten aufweist. Auffallend ist die große Farbenvielfalt bei den Früchten, die deshalb gerne für herbstliche Dekorationen verwendet werden. Neben den Zucchini zählen auch Spaghetti-, Halloween- und die nicht essbaren Zierkürbisse zu dieser Art.

Sorten: Siehe ab Seite 38.

Die bunten Früchte des Gartenkürbis werden häufig nur für Dekorationen verwendet. Frisch geerntet und roh gegessen schmecken sie wie Haselnüsse.

Wärmeliebend – der Moschuskürbis

(Cucurbita moschata)

Herkunft: Im Gegensatz zum Gartenkürbis ist der in den tiefer liegenden Gebieten Mexikos beheimatete Moschuskürbis sehr wärmebedürftig.

Anbau: Die Pflanzen dieser Art werden deshalb bevorzugt in südlichen Ländern oder in Lagen mit Weinbauklima angebaut. Zum Anbau hier bei uns eignen sich bevorzugt kleinfrüchtige Sorten. Für großfrüchtige Sorten ist der Sommer für eine vollständige Ausreife der Früchte selten warm genug.

Gestalt: Die mehr oder weniger abgerundeten Blätter können in den Achseln der Blattadern kleine weiße bis silbrige Flecken aufweisen. Blätter und kantige Triebe besitzen eine weiche, filzige Behaarung. Die im warmen Klima sehr starkwüchsigen Pflanzen entwickeln meterlange Triebe.

Früchte: Die Früchte haben ebenfalls wie die Gartenkürbisse einen kantigen Stiel. Dieser beginnt an der Frucht mit einem deutlich verbreiteten Ansatz. Nicht vollständig ausgereifte Früchte sind grün, ausgereifte Früchte einheitlich cremefarben bis bräunlich. Den Moschuskürbissen fehlt die bunte Farbenpracht wie sie besonders bei den Gartenkürbissen zu finden ist.

Ausgereift sind sie nicht selten über ein Jahr halt- und lagerbar. Mit fortschreitender Lagerdauer verlieren sie aber ihren frischen Geschmack. Besonders die größeren Exemplare benötigen im Herbst zur Ausreife viel Wärme. Nach der Ernte für 3–4 Wochen in einem warmen Raum gelagert, können nicht ganz ausgereifte Moschuskürbisse auch nach der Ernte noch die nötige Reife erlangen.

Sorten: Siehe ab Seite 48.

Moschuskürbisse – hier die Sorte 'Butternut' – liefern Früchte, die ausgereift cremefarben oder bräunlich sind.

Haltbar – der Riesenkürbis

(Cucurbita maxima)

Herkunft: Die Heimat dieser Art liegt im Gegensatz zu den beiden vorher genannten Arten in Südamerika und umfasst ungefähr das Gebiet des heutigen Staates Peru.

Anbau: Die Pflanzen sind etwas anspruchsvoller als die des Gartenkürbis, aber nicht so wärmebedürftig wie die des Moschuskürbis. Sprosswachstum und Fruchtgröße stehen in einem engen Bezug zueinander: Je größer die Früchte umso kräftiger auch die Entwicklung der Blatt- und Sprossmasse. Kleinfrüchtige Sorten wuchern weniger stark und sind deshalb für den Anbau im Garten besser geeignet.

Gestalt: Blätter und Triebe sind im Gegensatz zum Gartenkürbis samtig weich und ohne stechende Behaarung. Die Blätter sind abgerundet und nicht gebuchtet oder eingeschnitten.

Früchte: Sie sind an ihrem runden und meist sehr dicken Stiel erkennbar. Außen am Stiel ist eine netzartige und weiche, korkartige Struktur sichtbar. Wie schon aus der Namensgebung ersichtlich, sind innerhalb dieser Art Sorten zu finden, die Riesenfrüchte entwickeln. Die Auswahl an kleinfrüchtigen Sorten ist wesentlich größer als vermutet. Unter den Riesenkürbissen befinden sich viele Sorten mit »Minifrüchten«. Diese etwa 1–4 kg wiegenden Kürbisse liefern bestes Gemüse und sind in unseren modernen Kleinhaushalten gefragt.

Sorten: Siehe ab Seite 50.

Eine weitere bekannte Art – neben den drei genannten – ist der Feigenblattkürbis *(Cucurbita ficifolia).* Die Blätter gleichen denen des Feigenbaumes. Die Pflanze zeichnet sich durch ein außerordentlich starkes Trieb- und robustes Wurzelwachstum aus. Es ist die kälteverträglichste Kürbisart. Gärtner verwenden die Keimlinge und veredeln darauf Gewächshausgurken. Damit kann einem Krankheitsbefall der empfindlichen Salatgurken vorgebeugt werden. Der Feigenblattkürbis ist sehr reichtragend und kann ein Dutzend und mehr Früchte liefern. Die rundovalen, etwa 2–4 kg schweren, weiß-grün gefleckten Früchte mit ihrem schneeweißen Fleisch sind zwar essbar, werden aber wegen ihrer außerordentlich langen Haltbarkeit vorwiegend für Dekorationen und auch zum Basteln und Schnitzen verwendet.

Die Systematik der Kürbisse ist eher schwierig. Zur Pflanzengattung *Cucurbita* zählen neben den genannten vier Kürbisarten noch weitere 20 Arten, die aber als Nahrungspflanzen nicht nutzbar sind. Die Systematik ist nicht bei allen zweifelsfrei geklärt.

Die Gattung *Cucurbita* bildet zusammen mit 118 Pflanzengattungen die große Pflanzenfamilie der Kürbisgewächse oder *Cucurbitaceae.* Dazu gehören beispielsweise die Gurke *(Cucumis sativus),* Süße Melone *(Cucumis melo),* Wassermelone *(Citrullus lanatus),* der schon erwähnte Flaschenkürbis *(Lagenaria siceraria),* Schwammgurke *(Luffa aegyptiaca)* und die heimische und giftige Zaunrübe *(Bryonia alba* und *Bryonia dioica).*

Bei den Riesenkürbissen ist die Farben- und Formenvielfalt riesengroß und sie liefern lange lagerbares Gemüse.

Von der Aussaat bis zur Ernte

Obwohl der Kürbis den Titel »Kaiser im Garten« trägt, ist er eine genügsame und pflegeleichte Pflanze. Kürbis im eigenen Garten anzubauen ist im wahrsten Sinne des Wortes kinderleicht.

Kinderleicht: Kürbisse im eigenen Garten anbauen

Vielerorts werden im Frühjahr in Kindergärten und Schulen Kürbissamen an die Kinder verteilt und unter fachkundiger Anleitung dürfen sie die Samenkerne in einen mit Erde gefüllten Blumentopf stecken. Dieser wird ans Fensterbrett gestellt, und bereits nach wenigen Tagen zeigt sich der Erfolg. Der Keimling schiebt sich aus der Erde und strebt in seinem fast unaufhörlichen Wachstum dem Licht entgegen. Sobald kein Frost mehr zu befürchten ist, wird die Pflanze aus dem Topf geholt und in den Garten ausgepflanzt. Außer gelegentlichem Gießen ist im Sommer kaum eine weitere Pflege erforderlich. Im Herbst kann die Überraschung über die Ernte im wahrsten Sinne des Wortes riesig sein.

Keine andere Pflanze ist in der Lage, sich in solch kurzer Zeit aus einem Samenkorn so rasant zu entwickeln und dabei innerhalb weniger Monate Früchte in Rekordgröße zu liefern. Kürbisjungpflanzen wurden bereits vor Jahrtausenden von Menschen in Indianerzelten, fensterlosen Holzhütten oder zugigen Steinbauten vorgezogen. Dabei erfolgte unbewusst eine erste Auslese auf Robustheit. Bei Wanderungen von Sippen an andere Siedlungsplätze ging auch das Saatgut mit auf Reisen in die neue Heimat. Nicht selten herrschten dort andere Klimabedingungen. Will eine Pflanze all das überleben, muss sie notgedrungen eine hohe Kunst der Anpassung und Wandlungsfähigkeit aufweisen.

Eine Kürbispflanze kommt deshalb auch bei etwas widrigen Bedingungen noch relativ gut zurecht. Heute verfügbare Hilfsmittel – wie spezielle Kultursubstrate, chemische Dünge- und Pflanzenschutzmittel, klimagesteuerte Gewächshäuser und anderes mehr – hat der Kürbis daher gar nicht nötig. Sie werden erstaunt sein, wie einfach und problemlos sich ein Kürbis im eigenen Garten anbauen lässt.

Kleinfrüchtige Sorten und rankende Zucchini können wie Stangenbohnen an Klettergerüsten emporwachsen.

Kein Kürbis ohne Samen

Die größte Schwierigkeit besteht eigentlich darin, Saatgut von guten Speisekürbis-Sorten zu erhalten. Zwar wuchs in den letzten Jahren das Angebot an Samentüten in den Gärtnereien und Gartencentern, doch die Sortenauswahl hält sich noch immer in Grenzen. Zum gängigen Standardsortiment zählen, neben Zierkürbissen und einigen Halloweensorten, der bekannte 'Riesenzentner' und meistens nur eine 'Rote Hokkaido'-Sorte. Auch bei den Zucchini ist es oft schwierig, neben den bekannten grünen noch gelb- oder weißfrüchtige Sorten im Handel zu erhalten.

Aussaat – die Samen werden in ein mit Blumenerde gefülltes Pflanzgefäß gesteckt.

Wer verschiedene Kürbissorten ausprobieren möchte, sollte Kataloge von speziellen Samenversandfirmen anfordern oder ihre Onlineshops nutzen (siehe Bezugsquellen Seite 116). Sie bieten den Vorteil, dass die Eigenschaften der Sorten in der Regel ausführlich beschrieben sind und die Auswahl in Ruhe erfolgen kann. Ein weiterer Pluspunkt: Vom Fachhandel geliefertes Saatgut weist meist eine bessere Keimfähigkeit auf. In Garten- und Baumärkten angebotene Samentüten werden nicht selten in Räumen zum Verkauf präsentiert, in denen ein für Saatgut weniger gut geeignetes Klima herrscht. Gewöhnlich ist es dort zu warm und es herrscht eine sehr hohe Luftfeuchtigkeit, damit auch Pflanzen sich wohlfühlen. Die Keimfähigkeit der Samen kann dadurch beeinträchtigt werden.

Unerfahrene Hobbygärtner entnehmen oft einfach aus einem Kürbis die Kerne und säen diese aus. Das funktioniert zwar meist problemlos, aber die dabei nachgezogenen Pflanzen können Früchte mit völlig anderen Formen und Farben liefern. Ursache dafür ist, dass sich nebeneinander wachsende Sorten ein und derselben Art bei der Bestäubung der Blüten durch die Insekten kreuzen. Sorten, die verschiedenen Arten angehören, kreuzen sich nicht.
Bei Zierkürbissen können sich dabei ganz neue Farbkombinationen ergeben. Wer aus einem selbst angebauten Kürbis den Samen zur Aussaat für das kommende Jahr entnehmen möchte, sollte die Frucht nach der Ernte noch etwa vier Wochen in einem warmen Raum nachreifen lassen. Dadurch haben die Samen ausreichend Zeit, um ihre volle Keimkraft zu entwickeln.

Kürbispflanzen im Topf vorziehen

Kürbissamen direkt in ein Gartenbeet zu säen, ist hierzulande nur unter speziellen Voraussetzungen erfolgreich. Selbst bei robusten Sorten sind für die Keimung mindestens 10 °C Bodentemperatur erforderlich. In klimatisch bevorzugten Lagen kann dies zwar bereits Anfang Mai, in benachteiligten Gebieten allerdings oft erst Mitte bis Ende Mai oder später der Fall sein. Das Problem: Bei einer Aussaat im Garten nach Mitte Mai ist kaum noch mit einem zufriedenstellenden Ertrag zu rechnen – zumindest bei den Speisekürbissen.

Nur in klimatisch begünstigten Lagen können die weniger wärmebedürftigen und früh reifenden Gartenkürbisse – vor allem Zierkürbisse, Halloweensorten und Ölkürbisse – mit Erfolg direkt ins Freiland gesät werden. Diese Sorten mit kurzer Wachstums- und Reifezeit werden auch von Landwirten auf Feldern angebaut. Die maschinelle Direktsaat erspart im Erwerbsanbau die arbeits- und kostenaufwendige Vorkultur. Lassen Sie sich aber nicht davon abschrecken – die Kürbiskeimlinge lassen sich für den Privatgebrauch mühelos vorziehen.

Einfach zum Staunen – der Keimling entwickelt sich aus dem spitzeren Ende des Kürbissamens.

Kürbispflanzen im Topf vorziehen:

- Samen in Töpfe mit guter Gartenerde oder in Jiffy-Pots legen.
- Saattiefe 2–3 cm, je nach Sorte und Größe der Samen.
- Auf richtige Lage achten – das spitze Ende zeigt nach unten.
- Warm aufstellen (helles Zimmer, Gewächshaus, Wintergarten).
- Bei Bedarf mit angewärmtem Wasser gießen.
- Erscheinen die ersten Keimblättchen, Pflanzen in einzelne Töpfe umpflanzen.
- Nach den Eisheiligen ins Freie setzen.

Wer im eigenen Garten Kürbisse anbauen möchte, sollte die Samen zuerst in Töpfen keimen lassen. Das ist ganz einfach: Jede gute Gartenerde ist hierfür geeignet und es ist völlig ausreichend, die Töpfe in einen beheizten Wohnraum oder auch ein Kleingewächshaus zu stellen. Legen Sie einfach die Samenkörner in die mit Erde gefüllten Töpfe und bedecken Sie diese etwa 1–2 cm hoch mit Erde. Werden die Samen aufrecht in die Erde gesteckt, ist darauf zu achten, welche Seite nach oben zeigt. Kürbissamen sind an einer Seite gleichmäßig rund. Die andere Seite des Samenkorns läuft entweder spitz zu oder die Spitze ist vorne etwas abgestumpft. Genau an dieser Stelle erscheinen der Keimling und die Keimwurzel. Zeigt diese Stelle nach oben oder ragt sogar aus der Erde heraus, ist das für die Entwicklung des Keimlings ungünstig.

Die Größe des Samenkorns lässt bereits auf das Wachstum der Pflanze und die zu erwartende Größe der Kürbisfrucht schließen. Die kleinfrüchtigen Gartenkürbisse entwickeln kleine und flache Samen. Riesenkürbisse mit großen Früchten haben große und dicke Kerne. Je größer das Samenkorn, umso kräftiger ist der erscheinende Keimling und sein Wachstum.

Deshalb ist es ratsam, Kürbissamen verschiedener Sorten und vor allem verschiedener Arten nicht zusammen in einen Topf, sondern getrennt in jeweils eigenen Saatgefäßen auszusäen.

Die günstigste Aussaatzeit ist die zweite Aprilhälfte. Eine frühere Aussaat bringt kaum einen Vorteil. Bis zum Auspflanzen nach den Eisheiligen kann es besonders den starkwüchsigen Pflanzen des Riesenkürbis in ihrem Anzuchtgefäß – meist einem Blumentopf – schnell zu eng werden. Dabei erleiden die Pflanzen einen Nährstoffmangel und damit verbunden einen Wachstumsstopp. Das nimmt einem der robuste Kürbis zwar auf lange Sicht nicht sonderlich übel, es ist aber auch nichts durch den frühen Aussaattermin gewonnen. Gleichzeitig besteht die Gefahr, dass die Pflanzen im Topf lang und länger werden. Diese kopflastigen Pflanzen können später leichter abbrechen.

Wird bei Zucchinipflanzen Wert auf eine möglichst früh beginnende Ernte gelegt, kann in diesem speziellen Fall die Aussaat bereits Ende März oder Anfang April erfolgen. Die Jungpflanzen müssen dann bis zum Auspflanzen nach den Eisheiligen unbedingt in größeren Gefäßen herangezogen werden. Diese frühzeitig herangezogenen Zucchinipflanzen können bereits Ende Mai die ersten Blüten und Früchte ansetzen.

Kürbiskeimlinge lieben es warm! Die Saatgefäße werden deshalb bei etwa 20–25 °C zur Keimung aufgestellt. Je niedriger die Keimtemperatur, umso leichter faulen die Samen. Es ist durchaus möglich, mehrere Samenkörner der gleichen Sorte zusammen in einem etwa 10–12 cm großen Blumentopf auszusäen. Sofort nach der Entfaltung der ersten beiden Keimblätter nimmt man die Keimlinge heraus, trennt sie vorsichtig voneinander und pflanzt jeden einzeln wieder in einen etwa 12 cm großen Blumentopf ein. Wird damit zu lange gewartet, sind die Pflanzen mit ihren Wurzeln zu sehr verflochten und nicht mehr ohne Beschädigung zu trennen. Die Keimlinge dürfen nun so tief eingepflanzt werden, dass sich die beiden Keimblätter etwa 2 cm über der Erdoberfläche befinden. Bei zu lang gewordenen Keimlingen wird dadurch die Standfestigkeit erhöht und verhindert, dass sie umkippen und dabei abbrechen.

Sobald die ersten beiden Keimblätter entfaltet sind, benötigen die Pflanzen tagsüber volles Sonnenlicht. Stehen sie in einem beheizten Wohnraum, entwickeln Kürbispflanzen häufig dünne und lange Triebe, denn dort ist es für die Jungpflanzen nachts meistens zu warm und tagsüber selten ausreichend hell genug. Stellen Sie die Jungpflanzen deshalb wenn möglich in ein Gewächshaus, einen Frühbeetkasten oder einen Wintergarten, wobei die Temperatur bei Sonnenschein 20–30 °C betragen darf. Bei trübem Wetter und nachts sind etwa 10–15 °C für ein optimales Wachstum ausreichend. Selbst wenige °C über dem Gefrierpunkt werden von den Pflanzen kurzzeitig ohne Schaden vertragen. Nur Frost bedeutet ein rasches Ende. Bei Frostgefahr holt man die Pflanzen für diese Zeit ins Haus oder schützt sie zusätzlich mit wärmeisolierender Noppen- oder Frostschutzfolie. Besonders gedrungen wachsende Pflanzen sind der Lohn dieser Mühe.

Die aus tropischen Gebieten stammenden Pflanzen sind dankbar, wenn beim Gießen angewärmtes Wasser verwendet wird. Düngen mit einem stickstoffbetonten Dünger – gerne auch in flüssiger Form – fördert die Entwicklung der Jungpflanzen.

Bei früher Aussaat Ende März bis Anfang April entwickeln sich bis Ende Mai kräftige Jungpflanzen, die bereits Blüten entfalten und Früchte ansetzen.

Das braucht ein Kürbis im Garten

Kürbispflanzen sind in der Lage, bei Bodenkontakt an ihren Trieben zusätzliche Wurzeln zu bilden. Setzen Sie den Keimling beim Auspflanzen deshalb tiefer und häufeln Sie die Erde bis zu den Keimblättern oder dem ersten Laubblatt an. Die Pflanzen gedeihen in jedem lockeren und humosen Gartenboden. Ideal sind humusreiche, sandige und wasserdurchlässige Lehmböden bei einem pH-Wert zwischen 6 und 7 sowie einer möglichst gleichmäßigen Bodenfeuchtigkeit. Bei Bodenverdichtungen, schweren Ton- wie auch flachgründigen Kiesböden wachsen die Pflanzen nicht so zufriedenstellend. Sehr förderlich auf Wachstum und Ertrag wirkt sich aus, wenn an der Pflanzstelle organischer Dünger wie Kompost oder verrotteter Stallmist eingearbeitet wird.

Boden gut auflockern, etwas Kompost einarbeiten – schon ist die Pflanzstelle vorbereitet!

Bedenken, für kleine Gärten seien Kürbisse wegen ihres starken Wachstums nicht geeignet, sind unbegründet. Ganz ähnlich wie bei Obstgehölzen gibt es auch unter den Kürbissen Arten und Sorten mit ganz unterschiedlichem Wachstum. Bei Platzmangel ist es in der Tat nicht sinnvoll, großfrüchtige Riesenkürbis-Sorten mit ihren stark wuchernden Trieben und mächtigen Blättern im Garten anzupflanzen.

Buschig wachsende Pflanzen der Gartenkürbisse, wie wir sie bei Zucchini kennen, benötigen hingegen nur 1 × 1 m Platz. Bei 1 m Pflanzabstand lassen sich damit auf einem Gartenbeet auch im kleinen Garten problemlos mehrere Pflanzen verschiedener Sorten unterbringen. Ist etwas mehr Platz zur Verfügung, können auch Pflanzen schwach rankender Sorten gewählt werden. Ihre Blätter sind kleiner und längst nicht so mächtig wie bei den großfrüchtigen Riesenkürbissen. Kräftig wuchernde Triebe kann man bei Platzmangel einkürzen. Die Triebspitzen und die noch jungen und zarten Blätter werden in Salate gemischt oder wie Spinat zubereitet. Von kräftig wachsenden Pflanzen können die jungen Triebspitzen ab Juli regelmäßig abgeerntet werden.

Bei der Wahl eines geeigneten Platzes für den Kürbis hat man viele Möglichkeiten. Im Gegensatz zu den Riesen- und Moschuskürbissen sind die Gartenkürbisse eine schwachwüchsigere Art. Sie wurden bereits von den Indianern Nordamerikas in bewährter Mischkultur mit Mais und Bohnen angebaut. Die Bohnen können am Mais emporklettern, die sich dazwischen ausbreitenden Kürbisse beschatten den Boden. An den Wurzeln der Boh-

nen gedeihenden außerdem Knöllchenbakterien, die Stickstoff sammeln und an die Mais- und Kürbispflanzen abgeben – ein ideales Trio für ein gutes Wachstum.
Es ist auch problemlos möglich, einen Kürbis unter einem lichten Obst- oder Ziergehölz anzupflanzen. Dazu die Baumscheibe – das ist der Bereich um den Baumstamm herum – großzügig mulchen und den Kürbiskeimling an ihrem Rand einpflanzen. Die Ranken kleinfrüchtiger Sorten können gut in das Geäst der Bäume hinaufklettern. Mit den im Herbst zwischen den Ästen heranreifenden Kürbisfrüchten ergeben sich reizvolle Bilder. Aber auch an Sträuchern oder Gartenzäunen können kleinfrüchtige Kürbissorten ohne Probleme emporranken.

Stark rankende Sorten werden wegen ihres großen Platzbedarfes gerne am Kompost angepflanzt. Dort können sie mit ihrem wuchernden Wachstum anderen Pflanzen weniger gefährlich werden. Für die großfrüchtigen Sorten ist die Kompostecke deshalb oft der einzige geeignete Platz im Garten. Werden mehrere Kürbispflanzen nebeneinander angebaut, genügt bei allen buschig wachsenden sowie schwach bis mittelstark rankenden Pflanzen ein Abstand in der Reihe von 1 m und ein Reihenabstand von 1–2 m. Pflanzen mit kräftigem Wuchs – wie die meisten Riesen- und Moschuskürbisse – benötigen in der Reihe 1,5–2 m und zwischen den Reihen mindestens 2–3 m Abstand.

Auch an leicht beschatteten Standorten wachsen Kürbispflanzen. Je schattiger der Standort, umso schlechter ist allerdings die Ausreife der Früchte. Wird Wert auf eine gute Ernte und ausgereifte haltbare Früchte gelegt, ist ein vollsonniger Platz notwendig.
In einem Gewächshaus angepflanzt, leiden die Kürbispflanzen im Hochsommer unter der dort herrschenden hohen Lufttrockenheit. Für den Flaschenkürbis ist das Gewächshausklima dagegen sehr günstig. Kalebassen gedeihen zwar auch in klimatisch weniger begünstigten Gebieten im Freien, ihre Früchte reifen dabei aber nur selten wie gewünscht aus.
Werden die ausgepflanzten jungen Kürbispflanzen bei kühlem Wetter mit Vlies oder Folie abgedeckt und geschützt, erhalten sie dadurch einen Wachstumsvorsprung. Herrscht nach dem Auspflanzen der Jungpflanzen längere Zeit eine nasskalte Wetterphase, können die Blätter nach und nach ihre grüne Farbe verlieren und gelblich werden. Solange die Sprossspitze der Pflanze noch intakt ist, entwickelt sie bei einsetzender warmer Witterung schnell wieder junge, frische Blätter. Wie die Erfahrung zeigt, sind Kürbispflanzen relativ hart im Nehmen – auch bei kurzzeitig herrschenden ungünstigen Wachstumsbedingungen. Ihre großen, weichen Blätter, ihre saftigen Sprosse und auch die jungen Früchte können allerdings bereits durch einen kurzen Hagelschauer schweren Schaden erleiden.

Der Nährstoffbedarf von Kürbispflanzen wird gewöhnlich überschätzt. Nur wenn Riesenfrüchte gewünscht sind, kann mit reichlich Dünger nachgeholfen werden.

Nach starken Niederschlägen führt eine Gabe Flüssigdünger dem Boden wieder Nährstoffe zu.

Eine dicke Mulchschicht ist für Kürbispflanzen sehr vorteilhaft und verhindert die Verschmutzung der Früchte.

Eine hohe Stickstoffdüngung fördert besonders das Sprosswachstum und die Blattentwicklung. Qualität, Geschmack und Haltbarkeit der Früchte werden dagegen – ähnlich wie bei anderen Früchten – nachteilig beeinflusst. Beim Anbau von Speisekürbissen ist eine Stickstoffdüngung unmittelbar nach ihrem Auspflanzen ins Freie sinnvoll. Wenn nötig, ist eine Stickstoffdüngergabe – eventuell in flüssiger Form – für eine rasche und kräftige Entwicklung der Jungpflanzen förderlich. Positiv auf die Pflanzenentwicklung wirkt sich aus, wenn mit 2–3 Spatenstichen ein etwas größeres Pflanzloch ausgehoben, in dieses Komposterde eingefüllt und anschließend die Kürbispflanze darin eingepflanzt wird. Anstelle von Kompost kann auch eine Gabe von 2–3 gehäuften Esslöffeln Hornmehl oder Hornspänen in die Erde der Pflanzstelle gemischt werden. Bei gut mit Nährstoffen und vor allem mit organischem Material versorgten Böden sind dann in der Regel keine weiteren Düngergaben mehr erforderlich.

Wie Ergebnisse von Bodenuntersuchungen zeigen, weisen viele Gartenböden ausreichend bis sehr hohe Phosphat- und Kaliumgehalte auf. In diesem Fall sollte die Ausbringung von Volldüngern unterbleiben. Werden die flach wurzelnden Kürbisse und Zucchini in Gefäßen angepflanzt, sollten diese groß genug sein. Ein mit reichlich organischem Material verbessertes Pflanzsubstrat ist zweckmäßig.

Regelmäßiges Gießen, vor allem an heißen Tagen, ist bei Gefäßkulturen unerlässlich. Allerdings: Staunässe wirkt sich wesentlich nachteiliger aus als eine kurze vorübergehende Trockenheit. Deshalb sollten Sie es mit dem Gießen der Kürbispflanzen im Topf bitte nicht zu gut meinen und am Ende nicht übertreiben. Selbst wenn innerhalb von 2–3 Wochen kein Niederschlag fällt, finden die Wurzeln bei tiefgründigen Böden und unter einer schützenden Mulchschicht in der Regel noch ausreichend Feuchtigkeit. Nur in Gebieten mit weniger als 600 mm Jahresniederschlag ist eine regelmäßige Zusatzbewässerung für Kürbisplanzen im Freiland notwendig. Günstig wirkt sich eine gleichmäßige Niederschlags- bzw. Wassergabe von wöchentlich 20–30 l pro m² aus.

Unkraut und andere ungebetene Gäste

Sehr vorteilhaft ist das Mulchen des Bodens im Umkreis der Pflanzen. Die Mulchschicht unterdrückt Unkrautwuchs und hält den Boden gleichmäßig feucht. Die Pflanzen entwickeln unter einer schützenden Mulchdecke in der oberen lockeren und gut durchlüfteten Bodenschicht ein intensives Wurzelwerk.
Jegliche Bodenbearbeitung im Bereich der Wurzeln wirkt sich störend und nachteilig aus. Wird durch die Mulchauflage eine unnötige Austrocknung des Bodens verringert oder vermieden, kann damit das Gießen stark reduziert und teilweise eingespart werden.

Zum Mulchen eignen sich am besten leicht verrottende, nährstoffhaltige Materialien, etwa Gras- oder Rasenschnitt, Heu und frischer Kompost. Bei der Verrottung liefern diese Materialien gleichzeitig die von den Pflanzen benötigten Nährstoffe. Zusätzliche Düngergaben sind damit nicht mehr notwendig.
Zum Mulchen nicht zu empfehlen sind dagegen stickstoffarme Materialien wie Stroh, Rinde und Holzhäcksel. Sie benötigen für ihre Zersetzung zusätzlichen Stickstoff, den sie dem Boden – und damit den Kürbispflanzen – entziehen.

Vorsicht, für Schnecken sind junge Kürbispflanzen ein begehrter Leckerbissen. Bei einer Aussaat im Gartenbeet können die Keimlinge bereits unter der Erde abgefressen werden. Schon aus diesem Grund ist eine Vorkultur in Töpfen an einem schneckensicheren Platz sinnvoll. Doch damit sind die Pflanzen noch lange nicht über den Berg. Aus dem Topf in den Garten ausgepflanzt, wirken die jungen saftigen Pflänzchen wie ein Magnet auf die Schnecken. Manche Pflanzen überleben die erste Nacht im Freien nicht. Häufig wird dabei der Spross angeknabbert. Ein Abknicken und Absterben der Pflanze ist dann die Folge. Bei Schneckengefahr ist es zum Schutz der Pflanzen unerlässlich, etwas Schneckenkorn direkt daneben zu streuen. Wird zum Beispiel ein im biologischen Anbau zugelassenes ungiftiges Mittel verwendet, sollte bereits einige Tage vor dem Auspflanzen an der vorgesehenen Pflanzstelle etwas Schneckenkorn ausgestreut werden. Dadurch lässt sich der Befallsdruck rechtzeitig

Aufgepasst – Schnecken bevorzugen anfangs die zarten Jungpflanzen, später die Blüten und die jungen Früchte.

reduzieren. Da die Pflanzen auch noch die folgenden 3–4 Wochen nach dem Auspflanzen gefährdet sind, empfiehlt es sich, in dieser Zeit bei Bedarf Schneckenkorn nachzustreuen. Begrenzt helfen auch Schneckenzäune und regelmäßiges Absammeln der gefräßigen Tiere.
Größere Pflanzen sind für die Schnecken nicht mehr interessant. Allerdings ziehen wiederum die bald erscheinenden zarten Blüten und jungen Früchte die gefräßigen Tiere in ihren Bann. Bleibt der Schneckenfraß auf die Blüttenblätter begrenzt, entsteht kein Schaden. Werden die jungen Früchte angeknabbert, gehen diese kaputt.

Was tun bei Mehltaubefall? Bei einsetzender kühlerer und feuchterer Luft im Spätsommer kann gelegentlich an den Blättern Mehltau auftreten. Das ist bevorzugt bei hoher Stickstoffdüngung und häufig bei Halloween- und auch Zucchini-Sorten der Fall. Ein im September beginnender Befall, der oft rasch zum völligen Absterben der Blätter führen kann, hat aber kaum noch spürbare Auswirkungen auf den Ertrag, da das Fruchtwachstum bis dahin größtenteils abgeschlossen ist.

Mehltaubefall führt zum Absterben der Blätter und tritt gerne bei Stickstoffüberdüngung auf. Achten Sie darauf, beim Gießen die Blätter nicht zu befeuchten.

Von der Blüte zur Frucht

Kürbis und Zucchini entwickeln als einhäusige Pflanzen – ebenso wie Gurken und Melonen – gleichzeitig männliche und weibliche Blüten. Bei den weiblichen Kürbis- und Zucchiniblüten sitzt der gelbe Blütentrichter auf dem kurzgestielten Fruchtknoten. Bereits in diesem Stadium ist die Form der heranreifenden Frucht deutlich erkennbar. Männliche Blüten sind langgestielt.
Gelegentlich kommt es vor, dass eine Kürbis- oder Zucchinipflanze nur männliche Blüten entwickelt und keine Früchte ansetzt. Im Gegensatz dazu hat der Mensch zum Beispiel bei der Züchtung von Salatgurken bewusst rein weibliche Pflanzen geschaffen. Damit wird bei Gurken die unerwünschte Bildung von Samen verhindert. Diese Entwicklung von samenlosen Früchten ohne Bestäubung nennt man Jungfernfrüchtigkeit oder Parthenokarpie.

Kürbisfrüchte können sich nur nach erfolgter Bestäubung entwickeln. Die trichterförmigen und nektarreichen leuchtend gelben Kürbisblüten sind ein Tummelplatz für viele Insekten wie Hummeln, Schwebfliegen, kleine Käfer, Honig- und Wildbienen. Sie sorgen für die notwendige Bestäubung. Nur in Schlechtwetterphasen, wenn keine Insekten fliegen, bleibt die Bestäubung aus. Nicht befruchtete Kürbisse wachsen zwar noch etwas weiter, fallen dann aber nach einigen Tagen ab.
Die Entwicklung der weiblichen Blüten und das durch die Bestäubung hervorgerufene Wachstum der Kürbisfrüchte erfolgen erst, wenn auch nachts die Temperaturen möglichst nicht unter 10 °C absinken. Auch mitten im Hochsommer kann bei länger andauernden Schlechtwetter- und Kältephasen Wachstum und Reife der Früchte vorübergehend stoppen. Klein bleibende und weniger Früchte, die zudem wegen ihrer unvollständigen Reife nur relativ kurz gelagert werden können, sind die Folge. Wenn beim Aufschneiden der Kürbisfrucht eine deutlich grüne Schicht unmittelbar unter der Schale zu erkennen ist, konnte der Kürbis nicht genügend ausreifen. Diese unreife Schicht wird bei der Zubereitung von Kürbisgerichten sorgfältig entfernt.

Um sortenreines Saatgut gewinnen zu können, muss die Bestäubung durch Insekten verhindert werden – falls mehrere Sorten der gleichen Kürbisart im Umkreis von etwa 600–800 m angebaut werden. Dazu werden die weiblichen und männlichen Kürbisblüten, die kurz vor dem Aufblühen sind, abends zugebunden oder mit einem Klebeband verschlossen. Am folgenden Vormittag wird – möglichst bei sonnigem Wetter – eine männliche Blüte abgepflückt und ihre Blütenblätter entfernt. Eine weibliche Blüte wird nun vorsichtig geöffnet und der Pollen der männlichen Blüte auf ihre Narbe aufgetragen. Anschließend werden die Blütenblätter wieder verschlossen. So kann die Blüte nicht nachträglich von Insekten besucht und mit fremden Pollen bestäubt werden. Erst am folgenden Tag wird die Blüte wieder geöffnet.

Die weibliche Blüte sitzt auf dem dicken Fruchtknoten, die männliche auf einem dünnen Stiel.

Jetzt wird geerntet

Wer möchte, kann die ersten jungen Kürbisfrüchte bereits ab Juli ernten, besonders von den frühreifen Kürbis-Sorten. Die zarten Früchte lassen sich sogar samt Schale verwenden. Sollen die Früchte für die Wintermonate aufbewahrt werden, müssen sie bis zur Ausreife an der Pflanze verbleiben. Je größer der Kürbis, umso länger ist in der Regel bei den Speisekürbissen die Reifezeit. Kleinfrüchtige Sorten – insbesondere der Gartenkürbisse – können ab August die ersten ausgereiften Früchte liefern. Sorten mit größeren Früchten benötigen meistens noch den September zur Ausreife.

Der Tipp, einen ausgereiften Kürbis würde man an dem hohl klingenden Geräusch erkennen, wenn man auf die Frucht klopft, ist wenig hilfreich. Er trifft nur bei Sorten mit großem Hohlraum, etwa Halloween-Sorten, tatsächlich zu.

Ist der Kürbis schon reif? Bei der Ernte sollte der Fruchtstiel hart und holzig sein.

Das sicherste Zeichen der Fruchtreife ist der hart und holzig gewordene Fruchtstiel. Bei unausgereiften Früchten ist er grün und saftreich. Beim Ernten den Fruchtstiel mit einer Gartenschere vom Spross abtrennen. Größere Kürbisse nicht am Stiel hochheben – bricht dieser ab, wird dadurch die Haltbarkeit wesentlich verringert. Legen Sie beim Transport unter und zwischen die Früchte Kartonstücke, um Druckstellen zu vermeiden, und stapeln Sie die Früchte nicht zu hoch aufeinander. Am besten die Kürbisse mit ihrer noch nicht vollständig ausgereiften und noch weichen, empfindlichen Schale vorsichtig und ähnlich sorgsam wie rohe Eier behandeln.

Beseitigen Sie anhaftende Erde schonend mit einem nassen Tuch oder einer weichen Bürste. Ungünstig auf die Haltbarkeit wirkt sich aus, wenn die Früchte zum Reinigen in ein Wasserbad gelegt, mit einem scharfen Wasserstrahl abgespritzt oder, wie im Erwerbsanbau üblich, in Gemüsewaschmaschinen gereinigt werden.
Durch eine Mulchabdeckung des Bodens oder das Unterlegen von Brettchen, Kartons, Heu oder Stroh unter die heranwachsenden Früchte kann die Verschmutzung der Kürbisse vermieden werden.

Die günstigste Erntezeit zum Einlagern der Früchte ist die zweite September- und spätestens erste Oktoberhälfte. Ernten Sie Kürbisse möglichst bei trockenem, sonnigwarmem Wetter und vor Beginn nasskalter Regenperioden. Nach der Ernte ist darauf zu achten, dass die Fruchtstiele gut austrocknen. Besonders in den Stielen der Riesenkürbisse mit ihrer korkartigen Struktur kann sich unbemerkt Feuchtigkeit halten. Dadurch besteht die

Gefahr, dass die Frucht am Stielansatz zu schimmeln und faulen beginnt.

Geerntete Früchte 2–3 Wochen (oder länger) zur Nachreife in einen Raum bei etwa 20 °C aufbewahren oder auf einen Boden mit Fußbodenheizung legen. Für viele Sorten ist in unserem Klima die Zeit für das Wachstum der Pflanzen und Früchte gerade ausreichend. Wenn das äußere, sichtbare Wachstum abgeschlossen ist, benötigen vor allem spät reifende Früchte noch einige Zeit für die innere Nachreife. Besonders in dieser Phase ist ausreichend Wärme erforderlich. Nur in südlichen Ländern mit langem Sommer und warmen Herbst können dazu die Früchte im Freien liegen. Sind sie jedoch einige Tage Temperaturen unter 10 °C ausgesetzt, wird durch die Unterkühlung der Reifeprozess gestoppt und die Haltbarkeit der Kürbisse verringert.

Eine Einteilung nach Sommer- oder Winterkürbis hat botanisch keine Bedeutung. Sie bezieht sich ausschließlich auf die jahreszeitliche Verwendung der Früchte. So werden die Früchte von Zucchini, Rondini, Squash und Patisson möglichst jung in den Sommermonaten fortlaufend geerntet und verzehrt. Deshalb werden sie gelegentlich auch als Sommerkürbisse bezeichnet. Mit zunehmender Größe verlieren diese Früchte jedoch ihren zarten und delikaten Geschmack. Rondini und Patisson werden mit fortschreitender Reife hart und ungenießbar.

Die Früchte aller anderen Kürbissorten können zwar ebenfalls jung und noch unausgereift geerntet – und ähnlich wie Zucchini zubereitet – werden, ausgereifte Früchte gewinnen aber an Geschmack und vor allem an Lagerfähigkeit. Sie werden deshalb bevorzugt für die Wintermonate eingelagert und deshalb auch als Winterkürbisse bezeichnet.

Bereits ein kurzer Hauch von Frostluft führt zum vollständigen Absterben der Pflanze und bei den Früchten rasch zu Faulstellen. Spät angesetzte und nicht ausgereifte Früchte können in der Küche wie Zucchini zubereitet werden. Sie liefern ein zartes und delikates Gemüse, das auch roh sehr gut schmeckt.

Beim Transport Kürbisse nicht zu hoch übereinander stapeln, um Druckstellen zu vermeiden.

Kürbisfrüchte immer mit Stiel ernten. Den Stiel am besten mit einer Gartenschere abschneiden.

Tipps zur Lagerung

Nur wenn die Kürbisse wie zuvor beschrieben bei ausreichender Wärme vollständig trocknen und nachreifen konnten, ist eine anschließende Lagerung bei etwas kühleren Temperaturen zwischen 10 und 15 °C möglich. Kürbisse dabei keinesfalls übereinander stapeln. Die Früchte am besten einzeln auf Kartons oder dicke Lagen Papier legen und etwas Zwischenraum zwischen den Früchten belassen. Besonders in einem Netz – luftig hängend – können sich einzelne Früchte außerordentlich lange halten. Auf diese Weise hat man den ganzen Winter über das köstliche Gemüse zu seiner Verfügung.

Auch wenn es hübsch aussieht – so sollte man Kürbisse nicht langfristig lagern.

Vor allem eine zu hohe Luftfeuchtigkeit im Lagerraum verkürzt die Haltbarkeit. Die geringste Lagerfähigkeit zeigen Früchte, die direkt vom Garten oder Feld sofort in einen kühlen und feuchten Raum oder Keller gebracht werden. Sie können bereits nach wenigen Tagen zu schimmeln beginnen. Ein Kartoffelkeller-Klima ist zur Lagerung von Kürbissen völlig ungeeignet.
Kürbis ist eine Frucht, die sich in beheizten Wohnräumen ausgesprochen wohlfühlt und sich dort bis zu ihrer Verwendung und Zubereitung auch sehr praktisch und zugleich dekorativ lagern lässt. Es ist auch viel zu schade, die schönen bunten Früchte in einem Keller zu verstecken. Dank ihrer Schale verlieren sie in der trockenwarmen Wohnungsluft kaum von ihren Inhaltsstoffen. Bei einigen Sorten erhöht sich sogar durch die Lagerung der Vitamingehalt. Bei dieser äußerst praktischen Vorratshaltung erübrigt sich das Einmachen und Tiefgefrieren ganz von selbst.

Früchte regelmäßig kontrollieren – denn Kürbisse, so schön sie sein können, sind auch verderblich. Oft wird zu spät bemerkt, dass die Frucht an der Unterseite zu schimmeln oder zu faulen beginnt. Um unschöne Flecken zu vermeiden, sollten Sie die Früchte nicht direkt auf Holzmöbel oder Holz- und Teppichfußböden legen, sondern sie in Schalen, Körben oder auf anderen Unterlagen aufbewahren.
Regelmäßige Kontrolle auf Faulstellen hilft schlimmeren Überraschungen vorzubeugen. Die Kürbisse dazu alle 1–2 Wochen einmal kurz umdrehen und die Unterseite kontrollieren. Schwankt die Raumtemperatur, beginnen die Früchte zu schwitzen. Auf kalten Pflasterböden können sie dadurch an der Unterseite zu schimmeln beginnen, was häufig lange Zeit unbemerkt bleibt.

Speisekürbisse lassen sich wie sonst kein anderes Gemüse oder Obst sehr praktisch in der Wohnung lagern und dabei zu hübschen herbstlichen Dekorationen arrangieren. Wer sich an den dekorativen und haltbaren Früchten sattgesehen hat, kann sie zu guter Letzt in der Küche zubereiten und verspeisen. Die bunten Riesenbeeren bieten damit zugleich einen sehr gesunden und dekorativen Augen- und Gaumenschmaus. Nicht selten hört man den Satz, diese schönen und bunten Früchte kann man doch nicht essen. Für die Zierkürbisse mit den kleinen, oft warzigen und knallig grüngelb gefärbten holzigen Früchten trifft dies absolut zu. Die Vorschriften beim Handel mit Gemüsesaatgut sind weitaus strenger als bei Blumensamen. Nicht selten werden deshalb die kleinfrüchtigen und bunten Speisekürbisse vorsichtshalber einfach als Zierkürbisse deklariert. Befindet sich also der Zusatz »essbar« auf einer Kürbissamentüte, dann sollte man sich nicht scheuen, diese schönen und auch sehr schmackhaften Früchte zu verkosten.

Kürbisse aus dem eigenen Garten – Schritt für Schritt:

- Auswahl des Saatguts (S. 22). Bei wenig Platz buschig wachsende oder schwach rankende Sorten wählen. Kleinfrüchtige Sorten eignen sich für die Bepflanzung von Gefäßen auf Terrasse und Balkon oder zum Beranken von Kletter- und Spaliergerüsten.
- Kürbispflanzen im Topf vorziehen (S. 23).
- Keimlinge ins Freie pflanzen (S. 26). Zuvor an der Pflanzstelle organischen Dünger oder reichlich Kompost flach einarbeiten.
- Pflegemaßnahmen (S. 27 ff.): Mulchen reduziert den Unkrautwuchs, spart Gießen und verringert die Verschmutzung der Früchte. Besonders junge Pflanzen vor Schnecken schützen.
- Kürbisse rechtzeitig vor Frost oder Unterkühlung ernten (S. 32).
- Früchte warm und trocken lagern, regelmäßig auf Flecken prüfen (S. 34 f.).
- Nicht vollständig ausgereifte oder beschädigte Kürbisse sind nicht lange lagerbar – diese am besten rasch in leckere Kürbisgerichte verarbeiten (S. 94 ff.).

Die besten Kürbissorten

Mit der großen Formen- und Farbenvielfalt seiner Früchte übertrifft der Kürbis alle anderen Pflanzen. Die Sortenauswahl ist riesengroß und Pflanzen wie die Zucchini gedeihen in wirklich jedem Garten. Die Fruchtgröße reicht von tennisballkleinen und etwa 100 g wiegenden Leichtgewichten bis zu sensationellen Giganten, die beinahe so groß wie ein Kleinwagen und knapp 1000 kg schwer sind. Kürbisse zeigen außerdem eine riesige Formenvielfalt: von kugelrund bis birnen-, bananen-, flaschen- und schlangenförmig. Es gibt sogar Früchte, die einem Turban oder einer Bischofsmütze ähnlich sehen. Die Oberfläche kann glatt, gerippt, runzelig oder warzig sein, dazu noch kunterbunt in beinahe allen Farbnuancen. Damit lässt die Frucht der Kürbispflanze – botanisch korrekt Panzerbeere genannt – in ihrer extremen Wandlungsfähigkeit sämtliche andere Pflanzenarten weit hinter sich zurückfallen.

Bei Ausgrabungen in Mexiko wurden über 10 000 Jahre alte Kürbisfruchtschalen gefunden, bei denen es sich nicht nur um Wildformen, sondern bereits um Kulturformen handelte. Aber wie kam es dazu?
Die auf dem amerikanischen Kontinent wild vorkommenden Kürbispflanzen dienten schon sehr früh Menschen als Nahrung. Die Ureinwohner Amerikas sammelten die nur etwa 4–5 cm großen birnenförmigen und hartschaligen, gelbgrün gestreiften Früchte ausschließlich wegen der darin enthaltenen nahrhaften Samen. Das bittere Fruchtfleisch war nicht verwertbar. Bei den wegen ihrer Kerne gesammelten Früchten dürften bereits die nomadisch lebenden Ureinwohner Amerikas geschmackliche Unterschiede festgestellt haben. Auch bei heute noch vorkommenden bitterstoffhaltigen Wildformen finden sich gelegentlich einzelne Pflanzen mit Früchten, die frei von Bitterstoffen und dadurch essbar sind. Als die Samen dieser Früchte im nächsten Frühjahr in den Boden gesteckt wurden, nahm die Auslese auf bitterstofffreie Sorten ihren Anfang. Durch eine gezielte Weitervermehrung hatten sich die Menschen damals eine neue und zusätzliche Nahrungsquelle erschlossen. In der Folgezeit dürften die Pflanzen auch verstärkt nach ihrer Fruchtgröße ausgelesen worden sein. Eine Folge der Domestikation von Pflanzen ist, dass die vom Menschen kultivierten Wildpflanzen weitaus größere Früchte bilden als die in der Natur vorkommenden Formen.

Viele der heute bekannten Sorten entstanden bereits lange bevor Kolumbus die ersten Früchte sah. Der Gartenkürbis wurde schon vor Jahrtausenden weit über sein ursprüngliches Heimatgebiet Mexiko hinaus, besonders von den Indianern Nordamerikas, bis hinauf in die Gegend des heutigen Kanadas angebaut. Der ursprünglich aus Südamerika stammende Riesenkürbis war auch in Mittelamerika zu finden. Umgekehrt wurde der in Mexiko beheimatete Moschuskürbis bereits vor etwa 3 000 Jahren von den Indios in Peru angebaut und genutzt. Maya, Inka und Azteken kultivierten und züchteten nicht nur den Kürbis, sondern pflegten bereits regen Tauschhandel mit Samen und Früchten.
Innerhalb der letzten 300 Jahre wurden besonders vom Gartenkürbis in allen Teilen der Welt unzählige neue Sorten gezüchtet. Etwa 800 verschiedene Sorten werden genannt. Allerdings tragen nicht wenige je nach Sprachgebrauch verschiedene oder gar mehrere Namen. Eine exakte Übersicht ist deshalb schwierig.

Die immer kleiner gewordenen Gärten in unseren Wohnsiedlungen machten es erforderlich, auch die Kürbispflanzen an die nun zunehmend beengten Bedingun-

gen anzupassen. Starkwüchsige Giganten finden daher immer weniger Platz. Anstelle der ungebändigt wuchernden Rankpflanzen werden heute Zwerg- oder Bonsaiformen benötigt. Gewünscht sind Kürbispflanzen, die nur noch einen kurzen gedrängten Spross entwickeln wie zum Beispiel Zucchini-Sorten.
Die in den letzten Jahrzehnten zunehmende F_1-Hybridzüchtung trägt zu einer weiter wachsenden Sortenzahl bei. Allerdings können einige Neuzüchtungen nicht immer das halten, was erwartet oder versprochen wird.
Ein wesentlicher Grund für Hybridzüchtungen besteht darin, für Erwerbsanbau und Vermarktung Pflanzen und Früchte mit möglichst einheitlichen Eigenschaften zu erhalten. Zu erwarten ist, dass damit viele alte samenfeste Sorten verschwinden. Diese haben im Gegensatz zu F_1-Hybriden den Vorteil, dass sie mit etwas Erfahrung und Geduld von jedem Hobbygärtner weiter vermehrt werden können.

Der Gartenkürbis – farben- und formenreich

Dass Kürbis nicht gleich Kürbis ist, wird allein bei der Betrachtung der vielgestaltigen Früchte des Gartenkürbis schnell deutlich. Ein augenfälliges Merkmal ist die große Farbenvielfalt, wie wir sie besonders bei den Zierkürbissen kennen. Außerdem bestechen die Gartenkürbisse durch eine sehr große Formenfülle, ihre Früchte variieren untereinander viel stärker als es bei anderen Arten der Fall ist. Diese Art umfasst sehr verschiedene Sortengruppen und Unterarten wie Zucchini und Rondini sowie Eichel-, Spaghetti-, Halloween-, Öl- und Zierkürbisse.
Inzwischen werden immer mehr Sorten mit buschigem oder schwach rankendem Wachstum angeboten. Diese Kürbissorten eignen sich gut zum Anbau im kleinen Garten und können sogar in Gefäßen auf der Terrasse oder dem Balkon gepflanzt werden.

Durch jahrtausendelange Züchtung gelang es, aus kleinen holzigen und bitteren Wildfrüchten ein vielfältig verwendbares und edles Gemüse zu zaubern.

Zucchini

Die Verkleinerungsform des Wortes »Zucca«, wie der Kürbis in Italien genannt wird, heißt »Zucchini«, in der Schweiz auch »Zucchetti«. Die Einzahl lautet korrekt »Zucchino«. Die Fruchtfarbe der bekannten grünen Sorten variiert von gleichmäßig hell- bis dunkelgrün, manche mit heller Marmorierung oder Längsstreifen. Sorten mit weißen, cremefarbenen und gelben Früchten werden bekannter und beliebter.
Zucchini sind inzwischen ganzjährig erhältlich. Im jungen Zustand sind sie schmackhafter als ausgereift und auch für Rohkost gut verwendbar. Sie lassen sich samt Schale und Kernhaus zubereiten. Die Frucht kann bereits geerntet werden, wenn sie an ihrer Spitze noch die Blüte trägt. Diese wird gefüllt und mit verspeist. Mit Kürbis- oder Zucchiniblüten lassen sich auch Salate und Speisen dekorieren. Dazu werden die männlichen Blüten verwendet. Wird regelmäßig geerntet, bilden die Pflanzen bis zum Frostbeginn ständig reichlich neue Früchte. Unterbleibt die rechtzeitige Ernte, können einzelne Früchte mühelos 10 kg Gewicht und mehr erreichen. Dann verliert das Fruchtfleisch jedoch an Qualität und ein weiterer Ansatz junger Früchte bleibt aus. Im Sommerhalbjahr ist der Anbau auch im kleinen Garten problemlos möglich, denn die Pflanzen entwickeln einen gestauchten Spross und benötigen durch ihr buschiges Wachstum wenig Platz. Die Auswahl an Sorten ist sehr groß. Bekannt sind allerdings überwiegend grünschalige Typen.
Zucchini-Sorten mit grünen Früchten: 'Albarello di Sarzana', 'Black Beauty', 'Caserta', 'Costata Romanesco', 'Diamant' F_1, 'Greysini' F_1, 'Striato d'Italia'.
Ranken bildende Sorte mit grünen Früchten: 'Black Forest' F_1.

Das Fruchtfleisch gelb- und weißschaliger Zucchini ist etwas fester und aromatischer als bei grünschaligen. Mit zunehmender Reife wird die Schale aber holzig und hart. Rechtzeitiges und regelmäßiges Ernten liefert Gemüse bester Qualität. In Garten und Küche lohnt sich der Versuch, gelb- und weißschalige Sorten zu testen. Ausgereifte Früchte mit harter, holziger Schale sind lange haltbar und nur noch für Dekorationen verwendbar.
Sorten mit weißen oder cremefarbenen Früchten: 'Bianca Goriziana', 'Bianco di Trieste', 'Long White Bush', 'Lungo Bianco'.
Gelbschalige Zucchini: 'Goldfinger' F_1, 'Goldbar' F_1, 'Gold Rush' F_1, 'Sunray' F_1, 'Zephyr' F_1.

Junge Zucchini sind sehr schmackhaft, größere Früchte werden gerne zum Füllen verwendet.

Ein Anbau gelbfrüchtiger Sorten ist zu empfehlen. Sie liefern ein ausgezeichnetes Gemüse, das auch farblich den Speiseplan bereichert.

'Yellow Crookneck': Die Sorte 'Yellow Crookneck' fällt ebenso wie 'Early Summer Crookneck' durch die gebogene und oft wie ein Spazierstock gekrümmte Form auf. Die Schale ist uneben, furchig und warzig. Jung geerntet, ist das cremefarbene bis gelbliche Fruchtfleisch sehr aromatisch. Durch das etwas festere Fruchtfleisch liefern diese Sorten ausgesprochen knackige Früchte. Mit zunehmender Reife wird das Fruchtfleisch faseriger und die Schale hart und holzig. Ausgereifte Früchte sind haltbare und schöne Dekorationsobjekte.

Rondini

Wie der Name schon sagt, liefern diese Pflanzen runde Früchte. Die Sorten wurden ursprünglich in Südafrika gezüchtet. Ihre grünen, etwa tennisballgroßen Früchte sind nur sehr jung geerntet und gegart als Gemüse verwendbar. Das Kernhaus wird dabei entfernt. Mit zunehmender Reife werden die Früchte hartschalig und das Fruchtfleisch kann einen leicht unangenehmen Geschmack erhalten. Ausgereift werden sie gelb und es sind haltbare Dekofrüchte, die sich für Bastel- und Schnitzarbeiten gut eignen.
Sorten: 'Eight Ball' F_1, 'Little Gem' F_1, 'Goldapfel', 'Rolet', 'Tondo di Nizza' (auch 'Ronde de Nice').

Patisson

Der Name ist französischen Ursprungs und lässt auf die Beliebtheit der Früchte in der französischen Küche schließen. Sie stammen ursprünglich aus Amerika und werden genauso wie Zucchini jung samt Schale und Kernhaus verwendet. Sie unterscheiden sich aber deutlich durch ihre auffällige und hübsche Fruchtform. Es sind flache, kreisrunde teller- oder diskusförmige Früchte. Der Rand kann mehr oder weniger gebuchtet oder gewellt sein. Ganz klein geerntete Mini-Patisson können als Mixed Pickles oder Cornichons eingelegt werden. Zu spät geerntete Patisson, deren Schale bereits zu verholzen beginnt, eignen sich noch zum Füllen und Backen im Ofenrohr. Ausgereifte Früchte sind dank ihrer holzigen Schale sehr lange haltbar und hübsche Dekorationsartikel. Bei der Lagerung trocknen die Früchte oft vollständig ein. In Amerika werden sie 'Squash' genannt.

Diese Bezeichnung ist indianischen Ursprungs und bedeutet soviel wie »jung und roh essbar«. Je nach Gegend oder Land tragen die Früchte auch andere Bezeichnungen. In England und Frankreich heißen sie auch Courgette. In Deutschland sind sie wegen ihrer Fruchtform unter dem Namen »Ufo« bekannt. Der Wuchs ist wie bei Zucchini buschig. Ein Anbauversuch im Garten ist zu empfehlen. Die weißen und gelben Patisson liefern Früchte guter Qualität.

Weißschalige Patisson-Sorten: 'Custard White', 'Butter Scallopini' F1, 'Patisson blanc', 'White Bush'.
Gelbschalige Patisson-Sorten: 'Patisson orange`, 'Sunburst' F1, 'Sunny Delight' F1.
Buntschalige Patisson: 'Patisson jaune panaché de vert' und 'Patisson verruqueux panaché'. Cremefarbene Früchte mit grünen oder gelben Streifen. Ausgesprochen dekorativ, aber zur Verwendung als Gemüse nicht zu empfehlen. Die Sorte entstammt einer Kreuzung eines weißen und eines gelben Patisson vor bereits über 150 Jahren.

Eichelkürbisse oder Acorn-Squash

Etwas eigenartig geformte Früchte, die auf den ersten Blick nicht sofort auf Kürbisse schließen lassen. Die etwa 0,5–1 kg schweren, 10–20 cm langen, gerippten Früchte sind vorne spitz zulaufend. Buschig wachsende Pflanzen liefern 3–5, rankende Pflanzen etwa 6–8 Früchte. Sie sind sehr dekorativ und wegen ihres nussartigen Geschmacks besonders in der amerikanischen Küche schon seit jeher sehr beliebt. Dort werden sie Acorn genannt. Die Früchte können samt der anfangs noch sehr dünnen Schale roh verzehrt werden und schmecken dabei wie frische Haselnüsse. Leider verliert sich dieser köstliche Geschmack nach längerer Lagerung. Ausgereifte Früchte sind lange haltbar und ein schöner Zimmer- und Tischschmuck. Eichelkürbisse haben eine sehr

Die Sorte ´Yellow Crookneck` bildet krumme und warzige Früchte, die aber rasch holzig werden.

Die tennisballgroßen grünen Rondini sind nur jung geerntet als Gemüse zu empfehlen.

Gelbe und weiße Patisson liefern jung geerntet ein hervorragendes Gemüse, ausgereift werden sie hart und holzig. Die bunteren Ufo-Sorten sehen sehr dekorativ aus, sind als Gemüse aber weniger geeignet.

praktische Portionsgröße. Mit dem Messer halbieren, Kernhaus entfernen, mit Öl bestreichen und mit einer Füllung versehen im Ofenrohr backen. Das gegarte Fruchtfleisch nach Belieben mit Salz und Pfeffer würzen, evtl. Sahne oder Butter dazu oder mit geriebenem Käse überbacken. Mit dem Löffel aus der Schale heraus verzehren. Eine einfache, schnelle und köstliche Mahlzeit.

'Table Queen': Wird in Frankreich 'Reine de la Table' (die Tischkönigin) genannt. Eine grünschalige Acorn-Sorte, die aus North Dakota stammt, wo sie bereits von Indianern angebaut wurde. Das gelbliche Fruchtfleisch ist dick und fest und von hervorragender Qualität. Die Pflanze bildet nur kurze Ranken und liefert 6–8 lang haltbare Früchte.
Weitere ähnliche Sorten: 'Autumn Queen' F_1, 'Early Acorn' F_1, 'Mesa Queen' F_1, 'Table King', 'Winterhorn'.

'Table Gold': Orangefarbene Acorn-Sorte. Die Pflanze wächst buschig und liefert 6–8 kleinere Früchte mit etwa 500 g. Für Rohkost sind nur sehr junge Früchte zu empfehlen. Ausgereift schmecken sie ähnlich wie Mais. Die Früchte sind dekorativ und lange haltbar.

Weißschalige Sorten: 'Swan White Acorn', 'Cream of the Crop' F_1.

'Heart of Gold' F_1: Die weiß-grün gefleckten Früchte sind ein sehr dekoratives und gleichzeitig ausgezeichnetes Gemüse. Die Pflanze wächst mit kurzen Ranken halbbuschig und ist ertragreich.

Gefleckte Sorten: 'Carnival' F_1, 'Celebration' F_1, 'Chamäleon' F_1, 'Festival' F_1. Diese dreifarbigen gelborangen und weiß-grün gefleckten Früchte wirken außergewöhnlich

Sehr dekorative Früchte der Eichelkürbisse, die sich auch zum Füllen gut eignen. Frisch geerntet schmecken sie, roh verzehrt, sehr nussig.

apart. Das Fruchtfleisch ist von kräftiger gelboranger Farbe und hat einen nussigen Geschmack. Am besten werden die Früchte dabei wie Äpfel roh verspeist. Durch den buschigen, rankenlosen Wuchs finden die Pflanzen auch im kleinen Garten einen Platz.

Mini-Gartenkürbisse

Die folgenden Sorten liefern etwa 100–500 g schwere Früchte. Diese sind glatt oder schwach gerippt, flachrund oder kugelrund. Sie schmecken roh verzehrt ebenfalls nussig und eignen sich für verschiedene Zubereitungsarten wie Garen, Braten, Backen und Grillen oder zum Füllen (wie die Eichelkürbisse).

Der Wuchs ist schwach bis mittelstark rankend. Die Pflanzen sind hervorragend zum Beranken von Zäunen und Klettergerüsten und zum Anbau in Pflanzgefäßen auf der Terrasse oder dem Balkon geeignet. Es ist auch möglich, die Ranken in das Geäst von Sträuchern und Bäumen wachsen zu lassen. Ihre Blätter sind wesentlich kleiner als die der Riesenkürbisse. Je Pflanze können etwa 8–10, bei den sehr kleinfrüchtigen etwa 10–20 sehr haltbare Früchte geerntet werden, die wegen ihres hübschen Aussehens fast ausnahmslos nur für Dekorationen verwendet werden. Häufig werden diese köstlichen Mini-Speisekürbisse im Handel als essbare Zierkürbisse deklariert.

'Baby Boo': Gilt mit den etwa 100–200 g schweren Früchten als einer der kleinsten Speisekürbisse. Die Früchte sind leicht gerippt, flachrund und weiß bis cremefarben. Das Fruchtfleisch des 'Baby Boo' ist von blasser Farbe.

Bei der auf dem Boden liegenden Fruchtseite der grünfrüchtigen Sorten zeigt sich beim günstigen Reife- und Erntezeitpunkt ein gelboranger Fleck.

'Jack be Little': Schwach gerippte, flachrunde, orange und sehr dekorative Früchte mit etwa 150–300 g, die Mandarinen ähnlich sehen. Das orangefarbene Fruchtfleisch ist fest und knackig, schmeckt roh sehr gut und entfaltet gebacken oder gegart ein feines Maroni-Aroma.
Weitere Sorten: 'Mandarin', 'Sweetie Pie'.

'Puccini': Eine japanische Züchtung. Sehr dekorative, cremefarbene Früchte mit orangen Streifen und etwa 200–300 g. Die Pflanzen sind Anspruchsvoll und nur im warmen Klima ertragreich. Auch die Haltbarkeit der Früchte leidet bei mangelnder sommerlicher Wärme.

'Sweet Dumpling': Dieser aus Mexiko stammende süße Knödel hält, was er verspricht. Die etwa 300–600 g schweren, cremefarbenen Früchte sind grüngestreift und sehr hübsch. Das feste und knackige Fruchtfleisch ist süß und entwickelt ein intensives Maroni-Aroma. In Frankreich ist diese Gartenkürbis-Sorte unter dem Namen 'Patidou' bekannt.

'Sweet Potatoes': Die ersten Früchte dieser ertragreichen »Süßen Kartoffel« können bereits ab August geerntet und roh verzehrt werden. Das Fruchtgewicht beträgt etwa 300–500 g. Die länglichen Früchte dieser Speisekürbis-Sorte sind cremefarben und mit den grünen Längsstreifen auch sehr dekorativ. Die Sorte 'Sweet Potatoes' ist mancherorts unter der Bezeichnung 'Delicata' bekannt.
Ähnliche Sorte: 'Sugar Loaf'.

Die kleinsten Kürbisse: weißer 'Baby Boo' und oranger 'Jack Be Little' – sehr dekorativ und schmackhaft!

'Melonette': Die französische Bezeichnung lautet 'Melonette Jaspée de Vendée'. Wegen seiner gleichmäßig runden Form und gelblichen Farbe bei uns auch 'Melonenkürbis' genannt. Sehr ertragreich. Fruchtgewicht etwa 1–2 kg. Die Früchte sind fast kugelrund und glatt, von gelber Farbe und äußerst ergiebig. Das Fruchtfleisch ist etwas weicher als bei anderen Gartenkürbissen. Es eignet sich für Rohkost und Obstsalat. Die Früchte werden allerdings nach der Ernte schnell weich und sollten deshalb nicht zu lange gelagert werden.

Rundlicher 'Sweet Dumpling' und länglicher 'Sweet Potatoes' – mit den grünen Streifen sehr hübsche Früchte. Oft als essbare Zierkürbisse deklariert.

Spaghettikürbisse

Mit 1–3 kg Gewicht zählen diese Früchte schon fast zu den Riesen innerhalb der Gartenkürbisse. Die Früchte sind je nach Sorte rundlich oder länglich und ausgereift sehr hartschalig. Die Farbe variiert zwischen Creme und Gelb bis Orange.

Das hellgelbe, faserige Fruchtfleisch verliert auch durch das Garen nicht seine faserige Struktur. Kleinere Früchte können in einem Topf mit Wasser gekocht werden. Vorher die Schale an einigen Stellen anstechen! Größere Früchte werden halbiert, das Kerngehäuse entfernt und ebenfalls im Wasser gekocht oder im Backrohr gegart. Das faserige Fruchtfleisch lässt sich pikant gewürzt als vegetarisches Kürbis-Spaghettigericht servieren und eignet sich auch sehr gut als Beilage in Suppen.

'Tivoli' F_1 liefert längliche cremefarbene Spaghettikürbisse mit etwa 2 kg Gewicht.

'Small Wonder': Kleiner, kugelrunder, etwa 1 kg schwerer Spaghettikürbis für den kleinen Haushalt. Die Früchte sind lange grün und verfärben sich oft erst nach längerer Lagerung ins Gelbliche. Die Pflanzen sind schwach rankend und entwickeln wenig Blattmasse. Auch für den kleinen Garten zu empfehlen.

'Tivoli' F_1: Die etwa 2 kg schweren Früchte sind cremefarben und länglich-rund. Die Pflanze wächst buschförmig oder schwach rankend und liefert im Normalfall 2–3 Früchte.

Die länglichen Früchte von 'Stripetti' F_1 mit ihren grünen Streifen und Flecken sind dekorativ und bis zu 12 Monate haltbar.

Die einheitlich dunkelorangefarbenen Halloweenkürbisse werden zum Aushöhlen und Schnitzen verwendet. Als Gemüse sind sie weniger zu empfehlen.

'Stripetti' F1: Eine wunderschöne amerikanische Züchtung. Die cremefarbenen, länglichen, etwa 2–3 kg schweren Früchte sind grün gestreift. Dank ihrer langen Haltbarkeit, die ein Jahr und mehr sein kann, sind sie gut für Dekorationen verwendbar. Die harte und dicke Schale ist eine ausgezeichnete Verpackung für das faserige Fruchtfleisch. Auch nach mehrmonatiger Lagerung lassen sich davon noch ausgezeichnet Kürbis-Spaghetti zubereiten. Die Pflanze benötigt wegen ihrer längeren Ranken mehr Platz, ist aber dafür sehr ertragreich.

Halloweenkürbisse

Die Auswahl beginnt bei etwa 500 g kleinen Minikürbissen und reicht bis zu etwa 40 kg schweren Exemplaren. Die Früchte färben sich bei ihrer Reife in das für diese Gruppe typische und sehr einheitliche kräftige Dunkelorange. Die Fruchtform ist meistens kugelrund, seltener flachrund oder länglichrund. Die äußerlich glatten und gelegentlich nur sehr schwach gerippten Früchte sind dünnfleischig. Bei einigen Sorten ist der Wuchs buschig, sonst schwach bis mäßig stark rankend.

Was ihre Verwendung in der Küche betrifft, sind die Früchte dieser Sorten, die in Amerika als »Pumpkin« bezeichnet werden, von grundlegend anderer Qualität. Das Fruchtfleisch ist weicher und wässriger und im Geschmack oft fade, besonders wenn es von blasser Farbe ist. Wegen ihrer bauchigen Form und des großen Hohlraumes bzw. Kerngehäuses sind diese Früchte zum Aushöhlen von Kürbislaternen und Schnitzen von Kürbisgesichtern hervorragend geeignet. Diese Sorten werden für Halloween auf Feldern in Massen produziert. Zur Verwendung als Gemüse sind sie nicht zu empfehlen. Bestenfalls lässt sich unter Einsatz von viel Gewürzen noch Suppe daraus kochen oder Püree für den bekannten Pumpkin Pie zubereiten.

'Baby Bear': Mit den ansprechenden etwa 0,5–1 kg großen Früchten ein rasch überall bekannt und beliebt

gewordener Pumpkin. Die schwach rankende Pflanze liefert 5–10 sehr dekorative Früchte.
Weitere ähnliche Sorten: 'Baby Pam', 'Trickster' F_1.

'Little Lantern': Die etwa 2 kg schweren, dunkelorangen Früchte sind fast kugelrund, die Pflanzen sind schwach bis mittelstark rankend.
Weitere ähnliche Sorten: 'New England Pie', 'Small Sugar', 'Spooktacular' F_1, 'Triple Treat'.

'Jack O'Lantern': Bekannte und berühmte Pumpkin-Sorte. Früchte etwa 4–8 kg schwer und als typischer Laternen-Kürbis verwendet. Pflanze mittelstark rankend. Neuere F_1-Hybridsorten dieser Halloweengruppe haben schwach rankenden oder buschigen Wuchs und liefern meist 2–3 Früchte je Pflanze.
Weitere Sorten: 'Big Autumn' F_1, 'Halloween', 'Jack of all Trades' F_1, 'Sankt Martin' F_1, 'Spirit' F_1.

'Autumn King' F_1: Bei dieser und vergleichbaren anderen Sorten mit 10–30 kg und noch schwereren Früchten handelt es sich um F_1-Hybriden, die verstärkt seit dem Halloween-Boom gezüchtet werden. Wer gute Gerichte aus Kürbis zubereiten möchte, sollte diese Früchte in der Küche nicht verwenden.
Weitere Sorten: 'Appalachian' F_1, 'Big Moon', 'First Price' F_1, 'Longface' F_1.

Ölkürbis

Die Früchte sind vergleichbar mit den mittelgroßen, etwa 3–5 kg schweren Halloweenkürbissen. Allerdings sind sie auch bei voller Ausreife nicht einheitlich orange gefärbt, sondern grün-gelb gestreift. Ölkürbisse werden wegen ihrer essbaren, sehr eiweiß- und fettreichen Samen angebaut. Wegen der nahrhaften Kerne waren Kürbisse schon seit jeher begehrt. In der Steiermark wurden sie bald nach ihrer Einbürgerung vor über 300 Jahren in rasch zunehmendem Maße von Landwirten kultiviert.

Dort, wo es für das Wachstum von Oliven zu kalt, für den Kürbisanbau aber warm genug ist, wird aus den Kernen ein begehrtes Speiseöl gepresst. Damals waren nur die mit der weißen, holzigen Schale umgebenen Kerne bekannt. Zur Ölpressung wurden sie vorher in sehr zeitaufwendiger und mühsamer Weise von Hand geschält. In den Wintermonaten war damit die ganze Familie beschäftigt.
Vor etwa 140 Jahren entdeckte man Früchte mit dunkelgrünen und schalenlosen Samen. Wegen der immensen Arbeitsersparnis hat sich der Anbau dieser nacktsamigen Mutante langsam aber stetig verbreitet. Bei den Kernen ist die sonst dicke und holzige Samenschale auf ein feines dünnes Häutchen reduziert. Der olivgrüne Samen kann ohne zusätzliche Schälarbeit gegessen oder zur Ölpressung verwendet werden.
Wegen der erforderlichen Handarbeit beim Teilen der Kürbisse und Entnahme der Kerne war der Anbau vor etwa 30 Jahren fast ganz zum Erliegen gekommen.

Bei der Reife verfärben sich die anfangs grünen Ölkürbisse streifenförmig ins Gelborange. Zur Ausreife ihrer Kerne bleiben sie in der Sonne liegen.

Heute werden in der Steiermark auf über 10 000 ha Ölkürbisse angebaut. Die Ernte der Kürbiskerne erfolgt voll mechanisiert und das Fruchtfleisch bleibt auf dem Acker als organischer Dünger zurück.
Sorten: 'Gleisdorfer Ölkürbis', 'Lady Godiva', 'Sepp', 'Wies'.

Der Moschuskürbis – warmes Klima erforderlich

Der Name dieser Kürbisart weist auf den Geruch des Fruchtfleisches hin. Reife Früchte verströmen einen schwachen Moschusgeruch. Dieser pflanzliche Duftstoff hat aber nichts mit dem penetranten tierischen Moschusgeruch zu tun. Den Moschuskürbissen fehlt die Farbenvielfalt, wie sie besonders bei den Garten- und auch Riesenkürbissen zu finden ist. Junge und nicht vollständig ausgereifte Früchte sind grün, ausgereifte Früchte einheitlich cremefarben bis bräunlich und oft mit einer Wachsschicht überzogen. Sie werden bevorzugt in südlichen Ländern angebaut. Beim Anbau in klimatisch weniger günstigen Gebieten liefern die großfrüchtigen Sorten nur 1–2 Früchte je Pflanze, die zudem oft nicht vollständig ausreifen. Das zarte Fleisch zeichnet sich durch einen sehr hohen Karotingehalt aus. Die starkwüchsigen Pflanzen entwickeln lange Triebe.

'Butternuss': In den USA 'Butternut' genannt, zählt mit zu den besten Speisekürbissen. Die etwa 1–2 kg schweren Früchte haben die Form einer Birne. Die Verdickung am vorderen Ende, dort wo die Blüte saß, wird durch das Kernhaus verursacht. Das hintere Ende zur Stielseite hin besteht aus purem Kürbisfruchtfleisch ohne Kerngehäuse. Größere Früchte gleichen eher einer Keule als einer

Die Früchte der Sorte 'Muscade de Provence' werden auf Märkten häufig auch in Stücke zerteilt angeboten.

Birne. Die Früchte liefern eine erstaunliche Menge besten Fruchtfleisches. Durch das meist sehr klein ausgebildete Kernhaus fällt ein nur verschwindend geringer Anteil Putzabfall an. Frisch geerntet können die Früchte samt Schale verwendet werden, was bei der Zubereitung Zeit spart, oder sie werden gleich roh verzehrt.
Neben mittelstark rankenden und sehr ertragreichen Sorten sind auch schwachwüchsige oder buschig wachsende, dafür aber weniger ertragreiche Sorten im Saatguthandel erhältlich. Butternusssorten eignen sich gut zum Anbau in weniger günstigen Klimaregionen und unterscheiden sich im Wesentlichen in der Größe ihrer Früchte.
Einige bewährte Butternusskürbisse: 'Butter Boy' F_1, 'Butterbush' F_1, 'Butternut Supreme' F_1, 'Early Butternut' F_1, 'Waltham Butternut', 'Zenith' F_1, 'Ultra Butternut' F_1.

'Sucrine du Berry': Die 'Süße von Berry' ist eine französische Butternuss-Züchtung. Die im jungen Zustand dunkelgrünen, etwa 1–2 kg schweren Früchte verfärben sich erst spät bei der Reife ins Bräunliche. Die Pflanzen wachsen mittelstark rankend.
Ähnliche Sorte: 'Phoenix' F_1 (Früchte sind hellgrün und gefleckt).

'Violina': Ein bemerkenswerter italienischer Butternuss-Typ mit etwa 2–4 kg Fruchtgewicht. Die Früchte sind leicht gerippt und erinnern an die Form einer Violine. Diese etwas wärmebedürftigere, mittelstark rankende Sorte liefert in kühleren Gegenden meist nur 1–2 Früchte. Auch als 'Rugosa Butternut' im Handel.

'Langer von Nizza': Eine typische französische Sorte, die dort den Namen 'Longue de Nice' trägt. Die bis zu 80 cm langen etwa 3–5 kg schweren Früchte ähneln großen Gurken. In kühleren Gebieten reifen die Früchte nicht aus. Das Kerngehäuse ist nur sehr schwach ausgebildet und sitzt als kleine Verdickung erkennbar an der vorderen Spitze der Kürbisfrucht.

Ähnliche Sorte: 'Langer von Napoli' (Fruchtgewicht beträgt über 10 kg).

'Tromba d'Albenga': Albenga ist eine Stadt in Mittelitalien, »Tromba« heißt Trompete. Beim Anbau im wärmeren Klima liefert die 'Trompete von Albenga' ähnliche Früchte wie 'Langer von Nizza'. Die 1 m langen und schlanken Früchte winden sich aber eigenartig im Kreis. Auf Gemüsemärkten in Italien werden einfach Stücke von dem Kürbis abgeschnitten. Die ausgereiften cremefarbenen, kreisförmig gewundenen Früchte sind sehr dekorativ.

'Tancheese': Die Übersetzung des Namens könnte »brauner Käse« lauten. In Farbe und Form gleichen diese flachrunden etwa 1–2 kg schweren Früchte kleinen Käselaiben. Die mittelstark rankenden Pflanzen sind nur im warmen Klima ertragreich.

Bei den Früchten der Sorte 'Butternuss' befindet sich das Kernhaus nur in der vorderen, verdickten Fruchthälfte.

'Langer von Nizza' – gurkenähnliche Früchte mit sehr saftigem Fruchtfleisch, das roh sehr erfrischend schmeckt.

Die Form der Frucht gibt dieser Sorte ihren Namen – 'Violina'.

Die buschig wachsende Sorte 'Golden Nugget'. Diese Kürbispflanze eignet sich auch gut für die Bepflanzung von Gefäßen, die auf Terrasse und Balkon stehen.

'Muscade de Provence': Mit 10–20 kg Gewicht der größte Moschuskürbis. Die Früchte sind stark gerippt. Die sehr stark rankende Pflanze liefert nur bei günstigem Klima Früchte, die nach der Erntet bei warmer Lagerung noch nachreifen. Die bevorzugt in Südfrankreich angebaute Sorte ist als der typische Muskatkürbis bekannt.
Ähnliche Sorte: 'Fairytale' F_1 (Fruchtgewicht etwa 5 kg).

Der Riesenkürbis – von Minifrüchten bis zu Giganten

Einzelne Sorten dieser Art können bekanntlich Riesenfrüchte erstaunlicher Größe bilden. Als Speisekürbisse sind diese Giganten allerdings wenig interessant. Hier ist auch die Sorte 'Deutscher Gelber Zentner' einzuordnen. Die zentnerschweren Giganten können eigentlich nur dazu dienen, entweder die neidische Nachbarschaft zu beeindrucken oder sie den Kindern zum Aushöhlen zu überlassen und ihnen damit eine riesige Freude zu bereiten. Wer aber Gemüse ernten will und Wert auf Klasse statt Masse legt, kann getrost auf diese Riesen verzichten.
Zu betonen ist, dass diese Kürbis-Art auch eine große Auswahl an Sorten mit kleinen Früchten in haushaltsgerechten Größen bietet. Sie beginnt bei buschig wachsenden Pflanzen, die etwa 500 g schwere, meist kräftig orange oder rot gefärbte Früchte bester Qualität liefern. Auch bei Pflanzen, die 1–3 kg schwere Kürbisse entwickeln, hält sich das Wachstum mit den schwach bis mäßig rankenden Trieben noch in erträglichen Grenzen. Bei Fruchtgrößen ab etwa 5 kg explodiert die Entwicklung der Blatt- und Sprossmasse jedoch förmlich. Auch das ist ein Grund für den Rat, Riesenkürbisse einfach auf dem Kompost anzupflanzen.
Was die Fruchtqualität betrifft, ist sie bei den kleinen bis mittelgroßen Exemplaren grundsätzlich mit der besten Note zu beurteilen. Gelb- und orangefarbene, frisch geerntete Früchte müssen vor der Zubereitung nicht unbe-

dingt geschält werden. Das Fruchtfleisch ist fest und trocken und von kräftig gelber bis dunkeloranger Farbe. Roh verzehrt schmeckt es ähnlich wie Karotten. Gegart entfaltet es bei vielen Sorten ein feines Maroni-Aroma. Das wahre Talent dieser Früchte besteht darin, dass sie sehr lange haltbar sind und grundsätzlich für alle bei Gemüse und teilweise auch bei Obst möglichen Zubereitungsarten verwendet werden können. Wer einmal den Vorteil dieser Riesenbeeren entdeckt hat, wird den Kürbis in der Küche nicht mehr entbehren wollen. Der einzige Nachteil der Früchte ist ihre oft nicht zu bewältigende Größe. Aber, wie schon erwähnt, sind die kleineren Exemplare in der Regel auch die delikateren.

'Golden Nugget': Dieses Goldstück, das australischen und neuseeländischen Züchtern gelang, steht mit gutem Grund an erster Stelle bei dieser Kürbisart. Sie ist eine der wenigen buschig wachsenden und nicht rankenden Riesenkürbissorte. Die ideale Pflanze für den kleinen Garten!

Bei der Züchtung wird verstärkt versucht, Pflanzen dieses Wuchstypes zu erhalten. Die orangerot gefärbten, etwa 500 g schweren Früchte sitzen, ähnlich wie Äpfel, aufgereiht an dem gestauchten Spross. Das trockene Fruchtfleisch entspricht dem der roten Hokkaido-Sorten. Wegen der praktischen Größe der Pflanzen und der Früchte sollte diese Sorte zum Standardangebot im Samenhandel gehören. Leider ist es aber bisher noch schwierig, Saatgut zu erhalten.

Änliche Sorte: 'Bushfire' F_1.

'Roter Hokkaido': Unter Kürbisfreunden ein gut bekannter Name und für Noch-nicht-Kürbisfans die wärmstens empfohlene Einsteigersorte. Diese Früchte dürfen inzwischen in keinem Gemüseladen mehr fehlen. Wer dagegen in Saatgutkatalogen eine Kürbissorte unter der Bezeichnung 'Hokkaido' sucht, wird selten fündig. Im deutschsprachigen Raum hat sich der Name 'Hokkaido' für Kürbisse eingebürgert, die etwa 1–2 kg schwer und von roter Farbe sind. Diese Sorten, die sich durch eine hervorragende Fruchtqualität auszeichnen und deswegen auch hierzulande schnell eine große Nachfrage erlebten, wurden ursprünglich in Japan gezüchtet. Sie tragen aber für uns sehr schwierig auszusprechende japanische Namen wie zum Beispiel 'Uchiki Kuri'. Hokkaido ist eine große Insel, nördlich der japanischen Hauptinsel gelegen. So erhielten die von dort stammenden Kürbisse bei uns ganz einfach den Namen dieser Insel. Inzwischen werden aber auch in anderen Ländern Kürbisse dieses Typs gezüchtet.

Die Früchte haben häufig die Form einer Zwiebel und werden deshalb auch Zwiebelkürbis genannt. Der Name der französischen Sorte 'Potimarron' deutet auf den Maroni-Geschmack hin. Setzt man die beiden französischen Wörter »Potiron« für Kürbis und »Marron« für Esskastanie bzw. Maroni zu einem Wort zusammen, erhält man »Potimarron«, was übersetzt soviel wie Maronikürbis bedeutet. In Japan heißt Maroni »Kuri« oder »Guri«. Die

Der 'Rote Hokkaido', wegen seiner Form auch Zwiebelkürbis und wegen des Geschmacks Maronikürbis genannt.

Der bei uns noch kaum bekannte 'Grüne Hokkaido' entwickelt sehr flache Früchte.

Der 'Buttercup' wird wegen seiner dunkelgrünen Fruchtschale leider wenig beachtet.

Sehr dekorativ, von praktischer Größe, lange haltbar und von bester Qualität – der rotgrüne 'Lakota'.

nach Maroni schmeckenden und dort sehr geschätzten Kürbisse tragen im Sortennamen meist diesen Hinweis. 'Akaguri' bedeutet zum Beispiel »Rote Maroni«.
Rote Hokkaido- bzw. Maronikürbisse: 'Akaguri', 'Akazukin', 'Oranger Knirps', 'Potimarron', 'Uchiki Kuri'.

'Grüner Hokkaido': Nur sehr wenige in Japan gezüchtete Kürbisse mit dem typischen Maroni-Geschmack haben eine rote Farbe. Eigenartigerweise sind bisher nur diese roten Sorten in Deutschland bekannt und geschätzt. Die allermeisten japanischen Züchtungen haben eine grüne oder graue Schale. Werden diese grünen »Kuri-Kabocha«, wie sie in Japan bezeichnet werden, hier angeboten, sind sie oft unverkäuflich. In der Qualität ihres Fruchtfleisches stehen sie den rotschaligen in keiner Weise nach. Die Früchte sind im Gegensatz zu den bauchigen roten Sorten flach und leicht gerippt. Helle Streifen, die vom Blütenansatz bis zum Stielansatz verlaufen, lassen die Früchte sehr ansprechend aussehen. Mit 2–3 kg Gewicht sind sie etwas größer als die roten Sorten und haben ein kräftig gelbes Fruchtfleisch. Die schwach bis mittelstark rankenden Pflanzen sind wärmebedürftig und liefern selten mehr als 2–3 Früchte.
Grüne Hokkaidokürbisse: 'Delica' F_1 ('Ebisu' F_1), 'Emu Seven', 'Hokkori' F_1, 'Meruhen', 'Mikoshi', 'Sweet Mama' F_1.

'Yukigeshou' F_1: Der Name dieser beliebten japanischen grauschaligen Sorte bedeutet übersetzt 'Schneelandschaft' und charakterisiert diese hübsche Erscheinung sehr treffend. Die marmorierten Früchte sind für Dekorationen gut verwendbar. Nachdem wir rote und grüne Hokkaidos kennen, könnte diese Sorte wegen der ebenfalls hohen Fruchtfleischqualität folgerichtig auch als grauer Hokkaido bzw. Maronikürbis bezeichnet werden.
Ähnliche Sorte: 'Snow Delite'.

'Tetsukabuto' F_1: Auch dieser Name verrät, dass es sich um eine japanische Züchtung handelt. Die Pflanze liefert

6–8 und auch mehr gleichmäßig dunkelgrüne, schwach rippige etwa 1–2 kg schwere Früchte. Eine sehr ertragreiche und robuste, aber auch stärker rankende Pflanze. Das Besondere daran ist, dass es sich bei dieser Sorte um eine der bisher selten gelungenen Kreuzungen zweier Kürbisarten handelt, nämlich des Riesen- und des Moschuskürbis. Wegen der fehlenden Pollenentwicklung sind zur Bestäubung Pflanzen anderer Sorten in der Nachbarschaft notwendig. In Amerika ist dieser Typ unter der Bezeichnung 'Iron Cup' bekannt.

'Buttercup': Eine in Amerika sehr beliebte und altbewährte Sorte. Die grünschaligen Früchte sind an der Seite des Stielansatzes deutlich kantig abgeflacht. Die Qualität des kräftig orangefarbenen Fruchtfleisches ist mit den Maronikürbissen vergleichbar.

'Ambercup' F_1: Diese schöne amerikanische Neuzüchtung ist vermutlich einer Kreuzung von 'Buttercup' und 'Golden Hubbard' entsprungen. Die abgeflachten, etwa 1–2 kg schweren Früchte tragen vom Blütenansatz ausgehend ein grünes, sternförmiges Muster. Die Früchte mit feinem Maroni-Aroma sind nur bei guter Ausreife lange haltbar.

'Moranga Coroa': Eine in Brasilien verbreitete Sorte mit flachen und leicht gerippten Früchten. Diese sind anfangs grün und verfärben sich langsam graublau. Entlang der Furchen erscheinen dabei immer deutlicher schöne gelb bis rot gefärbte Streifen.

'Lakota': Der rote und sehr schöne, birnenförmige Kürbis ist eine Nachzüchtung einer Sorte, die von dem Indianervolk der Lakota-Sioux angebaut wurde. Beim Stiel- und Blütenansatz beginnend, zieht sich eine dunkelgrüne Musterung über die kräftig rote Schale. Wegen seines großen Kerngehäuses und der bauchigen Form ist diese Frucht wie geschaffen zum Füllen. Die schwach rankende und wärmebedürftige Pflanze liefert allerdings nur 1–2 Früchte. Diese Nachzüchtung ist eine späte Hommage an den durch die Weißen ausgerotteten Indianerstamm.

'Türkenturban' oder **'Bischofsmütze':** Wegen ihrer sehr auffallenden Form und dem schönen Farbenspiel werden diese etwa 1–3 kg schweren und guten Speisekürbisse nur selten als Gemüse verwendet. Die eigenwillige Fruchtform entsteht, weil die Blüte in der Mitte des Fruchtknotens ansetzt. Bei den anderen Sorten sitzt die Blüte ganz vorne an der Spitze des Fruchtknotens. Auf

'Türken- oder Bischofsmützen' werden meistens als Zierkürbisse deklariert. Sie enthalten bestes Fruchtfleisch und eignen sich gut zum Füllen.

den ausgewachsenen Früchten ist vom Blütenansatz dann nur noch ein kleiner Punkt oder Kreis an der Fruchtspitze zu sehen. Beim Türkenturban bleibt dieser Blütenansatz an der ausgewachsenen Frucht als deutlicher Ring in der Fruchtmitte erkennbar. Innerhalb dieses Rings bilden sich an der vorderen Fruchthälfte bizarre Ausstülpungen, die an eine Bischofsmütze oder einen Türkenturban erinnern. Diese kronenartige Erhebung kann an Farbenspiel nahezu alles bieten, was bei Kürbissen möglich ist. Bei einzelnen Früchten sind die Farben Weiß, Gelb, Orange, Rot und Grün gleichzeitig vertreten. Verständlich, dass solche bizarren Kostbarkeiten nicht verzehrt werden. Die größeren und dickfleischigeren Früchte bieten sich hervorragend dazu an, sie entlang des Blütenansatzes aufzuschneiden, die Krone abzuheben und nach der Entfernung des Kerngehäuses mit Füllung im Backrohr zu garen.

'Sweet Grey' F1: Wer diese und andere graufarbige und damit in ihrer Erscheinung weniger auffälligen Früchte sieht, wird kaum ahnen, dass sich unter der Schale bestes Fruchtfleisch verbirgt. Die leicht gerippten Früchte sind wie die grünen Hokkaido-Sorten flach aber mit 4–6 kg etwa doppelt so groß wie diese und ausgesprochen dickfleischig. Das kräftig gelborangefarbene Fruchtfleisch ist fest und trocken und sehr vielfältig verwendbar. Wegen des ausgesprochen festen Fruchfleisches lässt sich der Kürbis mit einem Messer nur sehr mühsam und mit starker Kraftanstrengung aufschneiden. Falls dies nicht gelingt, den Kürbis auf einen Pflasterbo-

'Sweet Grey' F1 – ein wirklich süßer, grauer Kürbis von hervorragender Qualität.

den werfen, damit er einen Riss bekommt oder in zwei Hälften zerspringt. Die Pflanzen entwickeln lange Ranken und benötigen viel Platz.
Ähnliche Sorten: 'Crown Prince' F1, 'Early Dry', 'Crown' F1, 'Grey Star' F1.

'Blaue Banane' oder **'Blue Banana':** Eine amerikanische Züchtung mit hervorragendem Fruchtfleisch: fest und trocken, kräftig gelb und sehr dickfleischig. Auch von seiner Größe her ein praktischer und handlicher Kürbis. Fruchtgewicht etwa 2–4 kg. Bei Bedarf beginnt man an einer Seite wie bei einer Wurst ein Stück abzuschneiden. Wenn jeweils nach 3–4 Tagen erneut ein Stück von der Frucht abgeschnitten wird, lässt sich der Kürbis in praktischen Portionen über einen Zeitraum von einer oder gar zwei Wochen in der Küche aufbrauchen.
Mit der blaugrauen Schale ist diese Frucht ein besonderer Dekorationsartikel. Die 30–40 cm langen und geraden Kürbisfrüchte gleichen allerdings eher einer dicken Wurst als einer Banane. Die Pflanzen sind mittelstark rankend.

'North Georgia' oder **'Rote Banane':** Das orange- bis rotfarbene Gegenstück zur 'Blauen Banane'. Die schlanken, etwa 40 cm langen und 2–4 kg schweren Früchte sind wie Bananen leicht gekrümmt. Durch das eher kleine Kernhaus sind die Früchte sehr ergiebig und recht praktisch bei der Verwendung in der Küche. Bei Bedarf wird ein Stück abgeschnitten und samt Schale zubereitet.
Ähnliche Sorte: 'Pink Jumbo Banana' oder 'Rote Riesenbanane' (Fruchtgewicht 10–20 kg).

'Jarrahdale' oder **'Australien Blue':** Im Gegensatz zu den vorher genannten grauen Sorten mit flachen Früchten liefert diese altbewährte australische Sorte bauchige, fast kugelrunde und ebenfalls sehr fleischige Früchte bester Qualität. Die gerippten grauen Früchte sind mit 4–8 kg für den normalen Hauhalt leider schon zu groß. Die Pflanzen sind starkwüchsig.

Die stark gerippten Früchte von 'Jarrahdale' sind sehr dickfleischig und ergiebig.

'Rote Banane' – dekorativ, praktisch, qualitativ sehr hochwertig und lange haltbar. Ein ideales Gemüse.

Die Sorte 'Triamble' mit eigenartigen kleeblattähnlichen, dreilappigen Früchten.

Die dunkelgrüne, rippige Frucht mit der sehr unpraktischen, warzigen Schale der italienischen Kürbissorte 'Marina di Chioggia'.

Leider liefert in unserem Klima die Sorte 'Golden Delicious' meist nur eine einzige, dafür sehr schöne und qualitativ sehr hochwertige orangerote Frucht.

'Queensland Blue': Die Sorte mit einer sehr eigenwilligen Fruchtform trägt den Namen des australischen Bundeslandes Queensland und stammt auch von dort. Die etwa 2–4 kg schweren Früchte sind, wie bei der Sorte 'Buttercup', an der Seite des Stielansatzes kantig abgeflacht. Durch diese Rippung sind sie eine ausdruckstarke und markante Erscheinung, die einem Gugelhupf ähnlich sieht. Die Farbe ist dunkelgrün und verändert sich auch nach über sechsmonatiger Lagerung nicht.

'Kleeblattkürbis': Eine weitere, ursprünglich aus Australien stammende Sorte mit sehr eigenartigen dreilappigen, etwa 2–4 kg schweren Früchten. In den USA werden sie 'Tristar' und in Frankreich 'Triamble' bezeichnet. Ausgereift nehmen sie eine metallgraue Farbe an. Sie sind sehr haltbar und dienen wegen ihrer sonderbaren Form mehr als Dekoration, obwohl sie auch bestes Fruchtfleisch enthalten.

'Marina di Chioggia': Eine nach der in der Nähe von Venedig gelegenen Stadt Chioggia benannte italienische Züchtung mit hoher Fruchtqualität. Auf der Seite des Blütenansatzes entsteht, ähnlich wie beim 'Türkenturban' oder der 'Bischofsmütze', eine kleine Krone. Mit seiner grünen Farbe, den tiefen Furchen und starken Runzeln eine auffallende Erscheinung mit etwa 4–6 kg Gewicht. Um das bei diesem Kürbis mühsame und zeitaufwendige Schälen einzusparen, wird das in Viertel oder Segmente geschnittene Fruchtfleisch samt Schale im Backrohr gegart. Anschließend kann das weichgegarte Fruchtfleisch bequem mit einem Löffel von der Schale gelöst werden. Die stark rankende, wärmebedürftigere Sorte liefert 2–3 Früchte, die im kühlen Klima nach der Ernte noch etwas Zeit zur Nachreife benötigen.

'Blauer Ungarischer Bratkürbis': Auf ungarisch heißt Kürbis »Tök« und diese Sorte wird dort 'Nagydobosi Sütótök' genannt. Die Pflanze ist stark rankend und liefert 2–3 Früchte mit 4–8 kg. Ausgereift hat sie eine sehr glatte und metallisch blaugrau gefärbte Schale. In Ungarn wird sie geviertelt oder in dicke Scheiben aufgeteilt und samt anhaftendem Kerngehäuse im Backrohr gegart. Das erst nach dem Backen entfernte Kerngehäuse gibt den Fruchtstücken einen leicht karamelisierenden Geschmack. Dünn abgeschnittene Scheiben können auch in einer Pfanne angebraten werden. Diese Zubereitungsarten sind mit allen anderen ähnlich festfleischigen Früchten möglich und zu empfehlen.

'Golden Delicious': Eine in Form und Farbe sehr schöne, 4–6 kg schwere, weichschalige Frucht. Leider liefert die stark rankende Pflanze im kühleren Klima meist nur eine Frucht, die auch nicht immer vollständig ausreift. Die kräftig rot gefärbten Früchte sind wegen ihres hohen Vitamingehaltes sehr geschätzt.

'Grüner Olivenkürbis': Der etwa 3–5 kg schwere und grünschalige Kürbis hat die Form und das Aussehen einer großen Olive. Es ist eine alte französische Sorte mit etwas weicherem, aber kräftig gelben Fruchtfleisch. Der französiche Name lautet 'Potiron Vert Olive'. Kürbis wird dort »Potiron« oder auch »Courge« genannt. Die Pflanze wächst stark rankend und entwickelt große Blätter.

'Flat White Boer': In Südafrika nennen die Schwarzen nicht nur einen Kürbis, sondern gelegentlich auch einen Weißen, der weniger geschätzt ist, Boer. »Flat White Boer« bedeutet flacher, weißer Kürbis. Die bis zu 10 kg schweren und ausgesprochen flachen Früchte sind schwach gerippt. Unter der dünnen und zarten weißen Haut verbirgt sich ein kräftig gelborangenes Fruchtfleisch bester Qualität. In Südafrika werden die geernteten Früchte bis zu ihrer Verwendung auf den Dächern der Hütten in der prallen Sonne gelagert. Für den normalen Haushalt sind diese Früchte leider viel zu groß. Inzwischen gibt es einige Neuzüchtungen, vorwiegend Hybridsorten, mit kleineren Früchten. Allerdings erreicht das Fruchtfleisch nicht immer die hohe Qualität dieser alten Sorte.

Ähnliche Sorten: 'Eden White' F_1, 'Flat White Star' F_1, 'Weißer Kürbis'.

'Hubbards': Die Früchte dieser in den USA gezüchteten Sorten haben die unverkennbare Form eines Rugby-Balls. Die eiförmigen und oft sehr bauchigen, auf beiden Seiten etwas eigenartig spitz zulaufenden Früchte entwickeln viel Hohlraum mit Kerngehäuse. Das Fruchtfleisch ist nicht allzu dick, aber in seiner Qualität einmalig. Es ist süß, sehr fest und trocken und eignet sich wie kaum eine andere Sorte sehr gut für die Herstellung von Kürbispüree.
Die großfrüchtigen Sorten haben eine ungewöhnlich harte, verholzte Schale. Der Versuch, diese Früchte mit einem Küchenmesser aufzuschneiden, ist zwecklos und zum Scheitern verurteilt. Um an das kostbare Innere zu gelangen, wendet man am besten den gleichen Trick wie bei Kokosnüssen an. Man lässt den Kürbis aus etwa 1 m Höhe auf einen Stein- oder Pflasterboden fallen. Ist die Wucht des Aufpralles groß genug, zerplatzt der Kürbis in zwei Teile. Ist die Wucht nicht ganz ausreichend, bekommt die Schale zumindest einen Riss und der Kürbis kann dann leicht vollständig zerteilt werden.
Da auch ein Abschälen der Stücke äußerst mühsam ist, gibt man die Fruchtstücke mitsamt Schale zum Garen ins Backrohr. Ist das Fruchtfleisch weich gegart, schabt man es mit einem Löffel von der Schale ab. Anschließend kann es für Suppe oder auch für den Pumpkin Pie verwendet, als köstliches Kürbispüree serviert oder weiter verarbeitet werden.

'Mini Orange Hubbard' F_1: Eine sehr schöne und ausnahmsweise weich- und glattschalige Hubbard-Neuzüchtung mit etwa 1 kg. Die Früchte gleichen denen der Maronikürbisse im Aussehen und in der Qualität.

'Blue Ballet' oder **'Baby Blue':** Das Gegenstück zum 'Mini Orange Hubbard' mit blaugrauer Schale.
Sehr dekorativ und wesentlich praktischer als der große 'Blue Hubbard'.

'Golden Hubbard': Dank der orangeroten Farbe und leichten Marmorierung die schönste Hubbard-Sorte mit 2–4 kg. Auch das Fruchtfleisch dieser Sorte ist intensiv orangefarben. Für die Küche gut geeignet, aber eben ein sehr hartschaliger Kürbis!

'Green Hubbard': Das grünfarbene Gegenstück zum 'Golden Hubbard'. In Amerika bereits seit 150 Jahren bekannt. Eine optisch interessante Sorte ist der stark gewarzte Hubbard namens 'Warted Green Hubbard'. Im Gegensatz zum roten Hubbard haben grünschalige Sorten ein nicht so intensiv orangefarbenes Fruchtfleisch.

'Blue Hubbard': Die Hubbard-Sorte mit den größten, bis zu 10 kg schweren und etwas unförmigen Früchten. Mit der blaugrauen Farbe und der leicht warzigen Schale auch ein schöner und haltbarer, aber großer Dekorationskürbis.

Sehr stark rankende Giganten

Die folgenden Sorten zeichnen sich nicht nur durch ihre meist zentnerschweren Früchte, sondern auch durch ihre sehr langen Triebe und üppige Blattentwicklung aus. Durch die wesentlich längeren Blattstiele und die massigen Laubblätter können die Pflanzen einen mehr als kniehohen und sehr üppigen Blätterwald entfalten, der sogar Unkräuter wirksam unterdrückt.
Ein Anbau dieser stark wachsenden Sorten im Gemüsegarten zwischen anderen Kulturen ist völlig ungeeignet. Wegen ihres großen Nährstoff- und Platzbedarfs werden

Die am Stiel- und Blütenansatz spitz zulaufenden, rugbyballförmigen Früchte der Sorte 'Golden Hubbard'.

diese Riesen am Kompost oder gelegentlich auch neben einem in Rotte befindlichen Stallmisthaufen angepflanzt. Bei dem unbeschränkten Nährstoffangebot lassen sich dann im Herbst Exemplare ernten, die einen Schubkarren voll ausfüllen können. Diese dienen fast ausnahmslos als attraktive herbstliche Dekorationen. Oft werden sie zu hübschen Figuren und Kürbismännchen verarbeitet, allerdings mit nur sehr begrenzter Lebensdauer.

'Deutscher Gelber Zentner': Wer das Wort »Kürbis« hört, bringt häufig diese Frucht damit in Verbindung. Sie ist im Wesentlichen schuld daran, dass andere Sorten lange Zeit weder im Garten noch in der Küche größeren Anklang fanden. Die Pflanze entwickelt sich auch bei ungünstigen Klimabedingungen recht zuverlässig und liefert im Herbst dazu noch mehrere, oft erstaunlich große Früchte. In Notzeiten war diese Eigenschaft geschätzt und wichtig. Es ist aber selbst in großen Haushalten in aller Regel unmöglich, eine Frucht mit 10–20 kg und mehr nach ihrem Anschneiden und Zerteilen in wenigen Tagen aufzubrauchen. Deshalb wurde besonders in Zeiten der Not nach geeigneten Konservierungsmöglichkeiten gesucht. Süß-saures Einlegen hat sich dabei als eine gängige Methode bewährt.
Als Speise ist dieses Produkt jedoch nicht jedermanns Geschmack. Vor allem nicht in Zeiten verwöhnter Gaumen. Mit den heute in jeder Küche vorhandenen Gewürzen ist es allerdings möglich, geschmackvollere Zubereitungsarten als früher zu wählen. Für süß-saures Einlegen eignen sich andere Kürbissorten mit festem und trockenem Fruchtfleisch nicht. Der 'Gelbe Zentner' ist eine der wenigen dafür

Größenvergleich: die haushaltsgerechte Sorte 'Akazukin' umringt den gigantischen 'Roten Zentner'.

Bei einem unbegrenzten Nahrungsangebot entwickeln großfrüchtige Sorten des Riesenkürbis auch ein massiges Laubwerk.

geeigneten Sorten, deren Fruchtfleisch bei der kurzen Erhitzung im heißen Essigsud die gewünscht glasige Konsistenz erhält.
Ähnliche Sorten: 'Gelbe Netzmelone', 'Gelbe Riesenmelone', 'Jaune Gros de Paris', 'Riesenzentner'.

'Rouge Vif d'Etampes': In Deutschland wird diese alte französische Sorte auch 'Roter Zentner' genannt. Die bis 20 kg schweren, gerippten Früchte sind sehr flach. Mit ihrer leuchtend roten Farbe sind sie sehr auffallend und für Dekorationen besser zu gebrauchen, als für die Zubereitung als Gemüse.

'Warzenkürbis' oder **'Galeux d'Eysines':** Die 3–5 kg schwere und ballförmige Frucht ist an der Oberfläche dicht bedeckt mit warzigen Auswüchsen. Der Kürbis sieht aus, als wäre er mit Erdnüssen beklebt. Das Fruchtfleisch ist kräftig orangerot. Die Pflanze liefert im kühlen Klima meist nur eine Frucht, die nicht immer genügend ausreift. Wegen der korkartigen und rissigen Warzen, in die bei Regenperioden leicht Feuchtigkeit eindringt, ist die Sorte nicht für niederschlagsreiche Gebiete zu empfehlen. Die Früchte sind zwar sehr dekorativ, aber leider nur kurze Zeit haltbar.

'Peruanischer Kürbis': Der Name dieser Sorte erinnert an die ursprüngliche Herkunft der Riesenkürbisse aus Peru. Es ist eine französische Züchtung, die dort 'Courge du Perou' heißt. »Courge« ist neben »Potiron« ein französischer Name für Kürbis. Die Früchte sind grün und die Pflanze liefert in unserem Klima leider selten mehr als eine Frucht.

'Atlantic Giant': In Amerika wurde diese Sorte speziell für die alljährlich stattfindenden Kürbiswettbewerbe gezüchtet. Dabei winkt dem Besitzer des schwersten Kürbis eine stattliche Geldprämie. Wie auch Sie Rekordgrößen erzielen können, erfahren Sie auf den folgenden Seiten.
Ähnliche Sorten: 'Big Max', 'Gargantua', 'Prizewinner' F1.

Beim 'Warzenkürbis' bilden sich auf der Fruchtschale korkartige Auswüchse. Bei anderen Kürbissorten entstehen nach Verletzungen der Schale, beispielsweise durch leichten Hagel, ähnlich aussehende Vernarbungen.

Die Früchte des 'Roten Zentners' sind dekorativ, das Fruchtfleisch ist kräftig orangerot – aber leider auch sehr wässrig und fad.

Tipps für Rekordgrößen

Soll ein Kürbis mit rekordträchtiger Größe erzielt werden, darf dabei nichts dem Zufall überlassen bleiben. Zuerst ist die Wahl der Sorte wichtig. Die Bezeichnung Riesenkürbis bzw. *Cucurbita maxima* kommt nicht von ungefähr. Die entscheidende Gewichts- und Größenzunahme erreichen die Früchte in der Zeit von Juli bis September. Nur in Gegenden, in denen in dieser Zeit möglichst ausgeglichene und gleichbleibende Temperaturen herrschen, wachsen die Früchte unaufhaltsam heran. Schlechtwetterphasen und nächtliche Abkühlung verlangsamen oder stoppen das Wachstum, und schon ist die Frucht aus dem Rennen.

Die Jungpflanzen müssen rechtzeitig vorgezogen und der Boden an der vorgesehenen Pflanzstelle reichlich mit organischem Dünger verbessert werden. Für die Bestäubung der weiblichen Blüte, an der die Rekordfrucht heranwachsen soll, wird eine männliche Blüte von einer anderen Pflanze einer Rekordsorte verwendet. Um Fremdbestäubung durch Insekten zu verhindern, wird die weibliche Blüte, kurz bevor sie sich öffnet, mit einem Klebeband verschlossen. Zur Handbestäubung wird die Kürbisblüte am nächsten Morgen geöffnet und der Blütenstaub der männlichen Blüte auf die Narbe aufgetragen. Dann wird sie wieder verschlossen. Zur Sicherheit werden mehrere Blüten bestäubt. Am rasch größer werdenden Fruchtknoten wird schließlich sichtbar, ob die Bestäubung gelungen ist.

Solche eigens herangezogenen und prämierten Giganten sind in unserem Klima nur selten zu erreichen.

Nun gilt es, den Fruchtansatz im Auge zu behalten. Der beste Fruchtansatz wird sorgfältig ausgesucht und alle anderen entfernt. Die heranwachsende Frucht muss so liegen, dass später der Spross nicht beeinträchtigt oder gar von der Riesenfrucht abgequetscht wird, da sonst die Wasser- und Nährstoffzufuhr behindert würde.

Damit die Pflanze möglichst viele Nährstoffe aufnehmen kann, wird darauf geachtet, dass die Triebe an den Blattachseln durch Bodenkontakt neue Zusatzwurzeln ausbilden. Die Düngung erfolgt am besten kontinuierlich dem Bedarf angepasst, eventuell mit einer automatischen Wasserversorgung. Zum Gießen wird angewärmtes Wasser verwendet.

Doch all das genügt oft noch nicht. Ein weiterer Geheimtipp ist zum Beispiel, in die hohlen Blattstiele zusätzlich spezielle Nährlösungen einzuträufeln. Die Rekordfrüchte hängen somit buchstäblich am Tropf. Ohne diesen Aufwand liefern Kürbispflanzen Früchte mit etwa maximal 50 kg Gewicht. Aber das sind im Normalfall ja auch schon kleine Sensationen.

In den USA haben Kürbis-Wettbewerbe eine lange Tradition. Saatgutzüchter liefern dafür eigene Sorten. Einer der bekanntesten Züchter ist Howard Dill. Wer sensationell große Exemplare ernten will, schwört auf die Sorte 'Dill's Atlantic Giant'. Immer wieder werden damit Rekordergebnisse erzielt.

1996 bot die World Pumpkin Confederation die stattliche Summe von 50 000 US-Dollar für einen Kürbis, der die sensationelle Grenze von 1000 Pfund Gewicht (456 kg) übertrifft. Inzwischen wurde bereits mehrfach die Marke von 500 kg übertroffen. Für den ersten Kürbis, der 1500 Pfund Gewicht (684 kg) erreicht, hat die World Pumpkin Confederation 100 000 US-Dollar Preisgeld in Aussicht gestellt. Verständlich, dass bei diesem Angebot alles daran gesetzt wird, der Erste zu sein. Seither wurden von Jahr zu Jahr neue Rekorde aufgestellt. 2006 erzielte Wallace Ron einen Kürbis mit 681 kg und 2007 Joe Jutras ein »Früchtchen« mit 766 kg. Laut »Guinessbuch der Rekorde« hat der Amerikaner Chris Stevens den bisher größten Kürbis aller Zeiten geerntet. Das Gewächs wog 821 kg und hatte einen Umfang von 4,7 Metern. Das Geheimnis dieser Riesenzüchtung ist eine besondere Nährlösung aus Kuhmist, Fischemulsion und Meeresalgen, dazu die richtige Dosis Sonnenschein, Wärme und Regen.

Auch in Europa und Deutschland werden inzwischen alljährlich Meisterschaften mit Schwergewichten ausgetragen. Den deutschen Rekord beim Kürbiswiegen im Blühenden Barock in Ludwigsburg erzielte 2008 Bernhard Preis mit 604 kg.

Ein Besuch der dort im Oktober jährlich stattfindenden Kürbisausstellung lohnt sich. Die Besucher können über 450 verschiedene Kürbissorten entdecken, amüsant ist auch die Regatta in ausgehöhlten Riesenkürbissen.

Welche Größe am Ende auch erreicht wird – ein selbstgezogener Kürbis bringt richtig Freude!

Empfehlenswerte Kürbissorten

Sorte	Wuchs	Frucht	Fruchtqualität	Seite
Zucchini				39
'Diamant' F_1	buschig wachsend	grün, länglich gerade, auch ausgereift weichschalig	sehr gut	39
'Gold Rush' F_1	buschig wachsend	gelb, länglich gerade, ausgereift hartschalig	sehr gut	39
'Yellow Crookneck'	buschig wachsend	gelb, länglich gekrümmt, ausgereift hartschalig	sehr gut	40
Rondini				40
'Tondo di Nizza'	buschig wachsend	rund, grün, marmoriert	gut	40
Patisson				40
'Patisson blanc'	buschig wachsend	weiß, rund, tellerförmig, ausgereift hartschalig	sehr gut	41
'Patisson orange'	buschig wachsend	gelb, rund, tellerförmig, ausgereift hartschalig	sehr gut	41
'Scallopini' F_1	buschig wachsend	grün, rund, tellerförmig, ausgereift hartschalig	mäßig	41
'Patisson jaune panaché vert'	buschig wachsend	gelb-grün, rund, tellerförmig, nur für Deko geeignet	Deko	41
Eichelkürbisse				41
'Table Queen'	schwach rankend	grün, gerippt, spitz zulaufend, 0,5–1 kg	sehr gut	42
'Table Gold'	buschig wachsend	gelb-orange, gerippt, jung verwenden, ca. 0,5 kg	sehr gut	42
'Swan White Acorn'	schwach rankend	weiß bis creme, gerippt, sehr dekorativ, ca. 1 kg	sehr gut	42
'Heart of Gold' F_1	schwach rankend	weiß-grün gefleckt, gerippt, sehr dekorativ, ca. 1 kg	sehr gut	42
'Festival' F_1	buschig wachsend	gelb-orange und weiß-grün, gefleckt, sehr dekorativ, ca. 1 kg	sehr gut	42
Mini-Gartenkürbisse				43
'Baby Boo'	mittelstark rankend	weiß bis creme, gerippt, Fruchtfleisch blass, 100–200 g	gut	43
'Jack be Little'	mittelstark rankend	gelb-orange, gerippt, Fruchtfleisch orange, 150–300 g	sehr gut	44
'Puccini'	schwach rankend	creme mit orangen Streifen, wärmebedürftig, 200–300 g	gut	44
'Sweet Dumpling'	mittelstark rankend	creme, grün gestreift, rund, gerippt, 300–600 g	sehr gut	44
'Sweet Potatoes'	mitelstark rankend	creme, grün gestreift, länglich, 300–500 g	sehr gut	44
'Melonette'	mittelstark rankend	gelb, kugelrund, ca. 2 kg, sehr ertragreich	sehr gut	45
Spaghettikürbisse				45
'Small Wonder'	schwach rankend	grün-gelb, kugelrund, ca. 1 kg, ertragreich	gut	45
'Tivoli' F_1	schwach rankend	cremefarben, länglich, ca. 2 kg, bekannter Spaghettikürbis	gut	45
'Stripetti' F_1	mittelstark rankend	cremefarben, grün gestreift, länglich, ca. 2–3 kg	gut	46
Halloweenkürbisse				46
'Baby Bear'	schwach rankend	dunkelorange, flachrund, ca. 1 kg, dekorativ	mäßig	46
'Little Lantern'	mittelstark rankend	dunkelorange, hochrund, ca. 2 kg, zum Aushöhlen	mäßig	47
'Jack O'Lantern'	stark rankend	dunkelorange, hochrund, 4–8 kg, zum Aushöhlen	mäßig	47
'Autumn King' F_1	schwach rankend	dunkelorange, hochrund, 10–30 kg, zum Aushöhlen	mäßig	47
Ölkürbis	schwach rankend	orange mit grünen Streifen und Flecken, schalenlose Kerne	mäßig	47
Moschuskürbisse				48
'Butternuss'	mittelstark rankend	cremefarben, birnenförmig 2–3 kg, ertragreich	sehr gut	48
'Sucrine du Berry'	mittelstark rankend	grün, reif bräunlich, birnenförmig, 2–3 kg	sehr gut	49
'Violina'	mittelstark rankend	cremefarben, birnenförmig, 2–4 kg, wenig ertragreich	sehr gut	49
'Langer von Nizza'	mittelstark rankend	grün, reif bräunlich, bis 80 cm lang, 3–5 kg, kleines Kernhaus	sehr gut	49

Sorte	Wuchs	Frucht	Frucht-qualität	Seite
'Trombo d'Albenga'	mittelstark rankend	cremefarben, bogenförmig gekrümmt 2–4 kg, sehr dekorativ	gut	49
'Tancheese'	mittelstark rankend	cremefarben, flachrund, 2–3 kg, nicht sehr ertragreich	gut	49
'Muscade de Provence'	stark rankend	grün, reif bräunlich, 10–20 kg, viel saftiges Fleisch	sehr gut	50
Riesenkürbisse				50
'Golden Nugget'	buschig wachsend	kräftig orange-rot, 100–500 g, sehr ertragreich	sehr gut	51
'Roter Hokkaido'	mittelstark rankend	kräftig orange-rot, 1–2 kg, Maroni-Geschmack, ertragreich	sehr gut	51
'Grüner Hokkaido'	mittelstark rankend	grün, Fruchtfleisch gelb-orange, 2–3 kg, Maroni-Geschmack	sehr gut	52
'Yukigeshou' F_1	mittelstark rankend	grau, Fruchtfleisch kräftig gelb, 2–3 kg, Maroni-Geschmack	sehr gut	52
'Tetsukabuto' F_1	stark rankend	grün, 1–2 kg, sehr ertragreich und sehr lange haltbar	sehr gut	52
'Buttercup'	mittelstark rankend	grün, kantige Form, 1–2 kg, Maroni-Geschmack	sehr gut	53
'Ambercup' F_1	mittelstark rankend	orange-rot, flachrund, 1–2 kg, Maroni-Geschmack	sehr gut	53
'Moranga Coroa'	mittelstark rankend	graublau, leicht gerippt, 2–3 kg, flachrund	sehr gut	53
'Türkenturban' oder 'Bischofsmütze'	mittelstark rankend	grün-gelb-orange-rot, 1–3 kg, sehr gut zum Füllen, dekorativ	sehr gut	53
'Lakota'	schwach rankend	rot, birnenförmig, 2–3 kg, sehr gut zum Füllen, sehr dekorativ	sehr gut	53
'Blaue Banane'	mittelstark rankend	graublau, längliche Form, 2–3 kg, Fruchtfleisch kräftig gelb	sehr gut	55
'North Georgia'	mittelstark rankend	orange, längliche Form, 2–4 kg, ertragreich und ergiebig	sehr gut	55
'Sweet Grey' F_1	stark rankend	grau, leicht gerippt, 4–6 kg, Fruchtfleisch dick und kräftig gelb	sehr gut	54
'Jarrahdale'	stark rankend	grau, gerippt, 4–8 kg, Fruchtfleisch dick und kräftig gelb	sehr gut	55
'Queensland Blue'	mittelstark rankend	grün, gerippt, Gugelhupfform, 2–4 kg, sehr haltbar	sehr gut	56
'Kleeblattkürbis'	mittelstark rankend	grau, drei- bis vierlappig, 2–4 kg, sehr haltbar und dekorativ	sehr gut	56
'Marina di Chioggia'	stark rankend	grün, rippig und warzig, 4–6 kg, mit Schale garen, weniger ertragreich	sehr gut	56
'Blauer Ungarischer Bratkürbis'	stark rankend	graublau, schöne glatte Schale, 4–8 kg, gut zum Backen im Bratrohr	sehr gut	56
'Grüner Olivenkürbis'	stark rankend	grün, olivenförmig, 3–5 kg, sehr alte französische Sorte	sehr gut	57
'Flat White Boer'	stark rankend	weiß, sehr flache Form, 5–10 kg, Fruchtfleisch dick und kräftig gelb	sehr gut	57
'Mini Orange Hubbard' F_1	schwach rankend	orange-rot, glatt- und weichschalig, 1 kg, schön und dekorativ	sehr gut	57
'Blue Ballet' und 'Baby Blue'	schwach rankend	graublau, Fruchtfleisch kräftig gelb, etwa 1 kg	sehr gut	57
'Golden Hubbard'	stark rankend	orange-rot, 2–4 kg, sehr hartschalig, gut für Püree, dekorativ	sehr gut	58
'Green Hubbard'	stark rankend	grün, 2–4 kg, sehr hartschalig, alte amerikanische Sorte	gut	58
'Blue Hubbard'	stark rankend	blaugrau, rugbyball-förmig, 10 kg, sehr gut für Kürbispüree	gut	58
'Golden Delicious'	mittelstark rankend	rot, länglich runde Form, 4–6 kg, wenig ertragreich	sehr gut	57
'Deutscher Gelber Zentner'	sehr stark rankend	gelb, kugelrund, 10–30 kg, Fruchtfleisch blass, fad und wässrig	mäßig	59
'Warzenkürbis'	sehr stark rankend	gelb-orange, ca. 10 kg, mit erdnussförmigen Warzen	mäßig	61
'Rouge Vif d'Etampes'	sehr stark rankend	orange-rot, flachrund, 10–20 kg, Fruchtfleisch fad und wässrig	mäßig	61
'Peruanischer Kürbis'	sehr stark rankend	grün, 20–40 kg, alte französische Züchtung	mäßig	61
'Atlantic Giant'	sehr stark rankend	gelb-orange, speziell für Kürbis-Wettbewerbe gezüchtet	mäßig	61

Deko-Ideen für Haus und Garten

Ob als leuchtende Halloween-Laterne, herbstliches Arrangement oder freches Kürbistierchen – Kürbisse eignen sich hervorragend für fantasievolle Bastelideen und abwechslungsreiche Dekorationen für drinnen und draußen.

Mit Kürbissen dekorieren

Mit kleinen Zierkürbissen und bunten Speisekürbissen lassen sich vielfältige Dekorationen arrangieren. Bereits ein einfacher Korb, gefüllt mit Früchten in verschieden Formen und Farben, ist ein wunderbarer Herbstschmuck. Wählt man Früchte nur einer Farbe, zum Beispiel rein weiße Exemplare, kann das Ganze gleichzeitig sehr elegant wirken. Auf dem Fensterbrett oder im Eingangsbereich des Hauses platziert, erfreut diese schlichte Dekoration Bewohner und Gäste.
Auch als Tischschmuck verleihen Kürbisse dem Alltag oder festlichen Ereignissen eine besondere Note. Sie lassen sich zum Beispiel zusammen mit grünen Efeuranken, buntem Laub oder Schnittblumen sehr hübsch kombinieren. Besonders herbstlich wird es zusammen mit Kastanien, Hagebutten, Äpfeln und anderen Früchten. Grundsätzlich gilt bei der Auswahl der Dekorationsobjekte: Je weniger unterschiedliche Farben eingesetzt werden, umso festlicher wirkt die Tischdekoration. Schon allein durch seine Form und Struktur wird ein Kürbis schnell zum unübersehbaren Blickfang.
Selbst in der Weihnachtszeit können Kürbisse im Adventsgesteck, auf dem Adventskranz oder gar am Christbaum von Groß und Klein bewundert werden. Und neben einem Gesteck aus Trockenblumen lassen sie sich sogar als herbstlicher Grabschmuck verwenden.

Auch die im Sommer herangewachsenen größeren Speisekürbisse werden nach ihrer Ernte vielerorts zur wahren Herbst-Attraktion. In ihrer bunten Farben- und Formenpracht und mit ihren oft sensationellen Ausmaßen werden sie an Hauseingängen und Hofeinfahrten zur Schau gestellt. Sind diese Arrangements allerdings dem Regen und der Kälte ausgesetzt, ist ihre Haltbarkeit begrenzt und leider nur von kurzer Dauer. In der Nähe des Hauses oder geschützt unter einem Dach platziert, halten sie etwas länger.
Auch innerhalb der Wohnung sollten für Dekorationen verwendete Kürbisse gut im Auge behalten werden. Sonst kann es passieren, dass eine Frucht unbemerkt zu schimmeln oder gar zu faulen beginnt. Manchmal wird dies erst am stärker werdenden Geruch bemerkt, wenn es bereits zu spät ist. Seien Sie gewarnt: Auf Möbeln, Holz- und auch Pflasterfußböden hinterlassen schimmelnde oder faulende Kürbisse deutliche, unschöne Flecken, die sich nicht mehr beseitigen lassen.
Es ist deshalb ratsam, längere Zeit in der Wohnung liegende Kürbisse regelmäßig im Abstand von 1–2 Wochen zu kontrollieren. Entdeckt man auf der Unterseite Schimmel- oder Faulstellen, gehören sie auf den Kompost. Grundsätzlich empfiehlt es sich, die Kürbisse in Schalen, Körben oder auf anderen geeigneten Unterlagen zu drapieren.

An Fenster, Gartenzaun oder Hauseingang drapiert künden leuchtende Kürbisse von einer reichen Ernte.

Zierkürbisse: Bunte und haltbare Vielfalt

Als Zierkürbisse werden eigentlich nur diejenigen Kürbisse bezeichnet, die sich nicht zum Verzehr eignen. In der Regel sind dazu die etwa faustgroßen, meistens grüngelb gestreiften und häufig warzigen Früchte zu zählen. Sie besitzen eine holzige Schale und trocknen gewöhnlich rasch völlig aus, ohne dabei ihre schöne Farbe und Gestalt zu verlieren. Dadurch sind sie ein sehr dekorativer und haltbarer Schmuck für jede Wohnung.

Der Begriff Zierkürbis hat keinerlei botanische Bedeutung. Allerdings ist diese Bezeichnung im Saatguthandel wichtig. Samen von Zierkürbissen unterliegen nicht denselben strengen Bestimmungen wie Gemüsesaatgut. Bei der Züchtung neuer Sorten werden gelegentlich bunte Wildformen von *Cucurbita texana* eingekreuzt. Diese enthalten den giftigen Bitterstoff Cucurbitacin.

Farbenfrohe Speisekürbisse erfreuen zuerst das Auge und später den Gaumen. Dank ihrer Schale bleiben die wertvollen Inhaltsstoffe erhalten.

Bitterstoffhaltige Kürbisfrüchte sind ungenießbar. Ihr Verzehr kann zu Durchfall und Vergiftungen führen. Zwar verspeist kaum jemand die holzigen Zierkürbisse, doch beim Anbau im Garten kann es bei der Bestäubung durch Insekten zu Kreuzungen von bitteren Zierkürbissen mit Gartenkürbissen und Zucchini kommen. Wird von diesen Früchten dann Saatgut entnommen und wieder angebaut, können die geernteten Speisekürbisse Bitterstoffe enthalten, ähnlich wie es auch bei Gurken gelegentlich vorkommt. Moschuskürbisse und Riesenkürbisse sind dabei nicht gefährdet, da sich die verschiedenen Kürbisarten untereinander nicht kreuzen.

Bedauerlicherweise werden im Saatguthandel auch Samen von Speisekürbissen gelegentlich als Zierkürbisse – manchmal mit dem Zusatz »essbar« – deklariert. Sinnvoller wäre es, die hübschen essbaren Kürbisse als »dekorative Speisekürbisse« zu bezeichnen.

Rechts:
Keine andere Frucht ist so vielfältig verwendbar wie der Kürbis! Sie dienen mal als herbstliche Serviettenringe oder Teelichthalter, mal als Vase für frische Schnittblumen – und schmücken sogar noch in der Weihnachtszeit den Adventskranz oder Christbaum.

Ritzen, kleben und bemalen – vielfältige Kürbiskreationen

Wer einen Kürbis zum Basteln einer Laterne aufschneidet und aushöhlt, ist oft sehr enttäuscht, wenn das mit viel Liebe gestaltete Kunstobjekt bereits nach wenigen Tagen zu schimmeln und zu faulen beginnt. Dabei gibt es eine ganz simple Möglichkeit, kunstvoll bearbeitete Kürbisse herzustellen, die sich über lange Zeit oder manchmal sogar auf Dauer vor dem Verfall bewahren lassen. Der Trick besteht darin, dass der Kürbis nicht aufgeschnitten, sondern nur die Schale oberflächlich angeritzt wird. Dazu ist jeder Kürbis geeignet.

Als Werkzeug ist ein spitzes und nicht zu großes Küchenmesser zu verwenden. Sehr vorteilhaft ist ein Linolschnitzmesser. Damit können selbst Kinder mit etwas Geschick und Übung vorher aufgezeichnete Motive sicher in die Schale einritzen. Das Erstaunlichste ist, dass dem Kürbis dabei in der Regel kein Schaden entsteht. Der Kürbis darf jedoch nur oberflächlich, etwa 1 mm tief, angeritzt werden. Dazu eignen sich bevorzugt glattschalige Früchte.

Wird der verzierte Kürbis in einem beheizten Raum aufbewahrt, trocknen die Schnittflächen rasch ein – dadurch ist er in den meisten Fällen lange haltbar. Nur bei kühlem und feuchtem Klima, vor allem im Freien, kann sich an der Schnittfläche Schimmel bilden. Auch können die Schnittflächen, sobald sie eingetrocknet sind, mit Farben bemalt werden. Besonders bei den kleinen bis mittelgroßen Früchten besteht die Möglichkeit, dass sie – ähnlich wie Kalebassen – langsam vollständig austrocknen und so dauerhaft haltbar werden.

Ausgefallen sind Kürbisse, die bereits während ihres Wachstums im Garten angeritzt werden. Dazu wird einige Wochen vor der Ernte die äußere, weiche Schale nur mit der Spitze eines kleinen Messers vorsichtig, etwa 1 mm tief eingeschnitten. Der Kürbis bleibt bis zur Ausreife an der Pflanze. Dort, wo die Schnitte erfolgten, bilden sich durch den anschließenden Heilungsprozess deutlich sichtbare Vernarbungen. Das eingeritzte Muster oder der Schriftzug hebt sich dann durch die entstehende dicke Vernarbung deutlich hervor. Wer es schnell und unkompliziert mag, der kann einen Kürbis auch im Handumdrehen bemalen.

Sind Gäste im Anmarsch? Im Nu wird ein großer Kürbis zur Menükarte, kleinere Exemplare zeigen dekorativ die Sitzverteilung an.

Figuren und Tierchen

Beim Basteln von Figuren aus Kürbissen können nicht nur Kinder enormen Spaß haben. Wie wäre es zum Beispiel mit der Raupe Nimmersatt? Dazu werden einem länglichen Kürbis, der als Körper der Raupe dient, auf beiden Seiten je eine Reihe Kastanien als Stummelfüße angeheftet. Eine Frucht mit markanter Form wird für den Kopf verwendet. Zwei Äuglein und ein Mund werden mit Samen, Nüssen oder anderen Früchten angebracht oder mit einem Edding aufgemalt, am hinteren Ende der Kürbis-Raupe können je nach Wunsch Federn oder Zweige aufrecht befestigt werden.

Möchten Sie zum Befestigen und Zusammenfügen der verschiedenen Materialien kurze Stücke von Steckdraht verwenden, müssen bei hartschaligen Früchten manchmal kleine Löcher zum Einstecken des Drahtes vorgebohrt werden. Zu beachten ist dabei, dass die Früchte durch diese Beschädigungen nicht so lange haltbar sind und leider schnell zu faulen beginnen.
Deshalb der Rat: Arbeiten Sie am besten mit einer Klebepistole – so können die Figuren lange Zeit bewundert werden.

Rechts: Kürbisse animieren zu fantasievollen Kreationen. Besonders Kinder erschaffen mit Begeisterung lustige oder schaurige Gesichter und Fabeltiere. Gut, wenn dafür ein ausreichender Fundus verschiedenster Naturmaterialien zur Verfügung steht!

Links: Den Stiel als Nase verwenden, zwei Äuglein in die Schale ritzen und Perlen oder Kerne als Pupillen ankleben. Ein heiteres Schelmengesicht!

Für die Anfertigung von Tierfiguren sind längliche Kürbisfrüchte und langhalsige Kalebassen besonders gut geeignet. Man meint förmlich, die Schlange zischeln zu hören.

Mit Holzstäbchen gespickt und einer Kastanie als Schnuppernase wird ein graufarbener Kürbis zum Igel.

Lama oder Grinse-drache? Selbst dem Bastelnden zeigt sich oft erst nach und nach, welches Wesen entsteht. Das Ergebnis interpretiert jeder ganz individuell.

Ob auch die Katze bemerkt, dass es sich hier nur um eine liebevoll gebastelte Kürbismaus handelt?

Leuchtende Kürbislampen für die Abendstunden

Kürbisschnitzen kann jeder! Es braucht dazu nur einen oder mehrere Kürbisse und ein paar einfache Werkzeuge, die im Haushalt zu finden sind. Mit einem abwischbaren Filzstift wird das Muster vorgezeichnet. Dazu können Schablonen aus Papier angefertigt werden. Zum Öffnen des Kürbis dient ein größeres, stabiles Messer, zum Einritzen der Schale ein kleineres. Ein Teppichmesser – im Baumarkt erhältlich – kann ebenfalls gute Dienste leisten. Unterschiedlich große Löffel oder auch ein Eisportionierer sind beim Aushöhlen nützlich. Bei sehr hartschaligen Früchten ist ein Holzschnitzwerkzeug angebracht. Praktisch ist auch ein Linolschnitzmesser, das in jedem Bastelladen für wenig Geld zu finden ist.

In den fertig ausgehöhlten und mit eingeritzten Symbolen versehenen Kürbis wird ein brennendes Teelicht gestellt. Bei Dunkelheit hebt es die nur in die äußere Schale eingeritzten Muster stimmungsvoll hervor. Das durch die gelbe oder orangefarbene Frucht hindurch schimmernde Kerzenlicht ergibt einen schönen, angenehm warmen Ton. Werden Früchte mit verschieden farbigen Schalen, wie zum Beispiel in Grün, Grau, Gelb und Orange verwendet, lassen sich interessante Lichtspiele zaubern. Sind dagegen die Symbole durchgehend herausgeschnitten oder herausgestanzt, ist die Flamme direkt erkennbar.

Die von der Kerze oder dem Teelicht abgegebene Wärme sorgt dafür, dass das Kunstwerk schneller verdirbt. Wichtig ist deshalb, dass bei brennender Kerze oben eine größere Öffnung frei bleibt, damit dort die Hitze entweichen kann.

Mittels Ausstechformen lassen sich die verschiedensten Motive anbringen. Die Form oberflächlich in die Schale drücken und anschließend das Muster mit einem Messer herausschneiden.

Rechts:
Wer außergewöhnliche Dekorationen liebt, kann mit etwas Geschick einen Kürbis in einen stilvollen »Kerzenleuchter« verwandeln. Die Umrisse werden mit Hilfe einer Schablone und einem Filzstift auf den ausgehöhlten Kürbis gemalt. Anschließend kann man mühelos die Schale wie angezeichnet entfernen. Das Muster sollte nur etwa 1 mm tief sein.

Wie bastelt man einen Halloweenkürbis?

Zu Halloween leuchten die Kürbislaternen und erfreuen uns mit ihren Fratzen. Wer sich ein eigenes Exemplar anfertigen möchte, folgt einfach den nächsten Schritten: Zuerst den oberen Teil des Kürbis als Öffnung abschneiden und evtl. als Deckel aufbewahren. Den Inhalt im Kernhaus mit Hilfe eines geeigneten Löffels herausnehmen. Wenn nötig etwas Fruchtfleisch herauskratzen, um den Hohlraum zu erweitern. Allerdings ist die Stabilität und Haltbarkeit der Laterne umso geringer, je dünner die Fruchtwand wird. Die Wanddicke sollte noch mindestens 2–3 cm betragen.
Mit einem Filzstift das Gesicht oder die Muster anzeichnen und mit einem spitzen Messer ausschneiden. Sollen sehr feine Muster entstehen, wird mit einem Bohrer vorgebohrt. Auch mit Ausstechformen lassen sich Muster anbringen. Bei den weichfrüchtigen Halloweenkürbis-Sorten gelingt das sehr gut. Bei Früchten mit hartem Fruchtfleisch muss beim Einstechen der Ausstechform nötigenfalls mit einem Hammer nachgeholfen werden. Zum Schluss ein brennendes Teelicht in den Kürbis stellen – bei Dunkelheit schaurig oder schön!

Aushöhlen und Schnitzen einer Kürbislaterne: Zuerst rund um den Stielansatz den Deckel aufschneiden.

Den Deckel abnehmen und mit einem Löffel das Kerngehäuse herausarbeiten.

Gesicht (Augen, Nase, Mund) aufzeichnen. Werden die Öffnungen zu groß, bricht der Kürbis leichter zusammen.

Das vorgezeichnete Gesicht vorsichtig mit einem spitzen Messer ausschneiden.

Solange sich keine brennende Kerze im Inneren befindet, kann der Deckel aufgesetzt bleiben. Auf diese Weise lassen sich nicht nur Halloween-Gespenster sondern auch fantasievolle Laternen mit Mustern aller Art gestalten, die Garten und Balkon und sogar das Wohnzimmer in ein zauberhaftes und stimmungsvolles Licht hüllen.

Wer heute das Wort »Halloween« hört, denkt dabei sofort an Kürbis. Dabei hat dieser ursprünglich religiöse Brauch mit Kürbis überhaupt nichts zu tun – der Ursprung dieses Festes ist eine Tradition der Kelten. Sie feierten mit dem Fest »Samhain« das Ende des Sommers (31. Oktober) und den Beginn des neuen Kalenderjahres (1. November), bedankten sich damit für die Ernte und bereiteten sich gleichzeitig auf die kommende Dunkelheit und Kälte des Winterhalbjahres vor. Nach-

Wer am 31. Oktober Gäste einlädt, muss auch für die passende Beleuchtung sorgen.

dem alle Feuer in Haus und Herd gelöscht waren, entzündeten die Druiden aus Eichenholz neue »heilige« Feuer. Diese brannten nachts weithin sichtbar – wie zur Sommersonnwende – auf Hügeln und Bergen. Von dort nahm jede Familie ein Stück glühende Kohle für ihre eigene Feuerstelle im Haus mit, wobei ausgehöhlte Wurzeln als Transportbehälter dienten.
Neben dem Dank für die eingebrachte Ernte spielte bei diesem Fest auch die Verbindung zu den Toten eine wichtige Rolle. Man glaubte, dass die Seelen der Verstorbenen in dieser Nacht zurückkämen, um ihre Angehörigen zu besuchen. Um dabei befürchtetes Unheil abzuwehren und böse Geister irrezuleiten, wurde das in der Wurzel glimmende Feuer im Freien aufgestellt.
Dieser Brauch hat sich in Irland lange Zeit bewahrt. Hier benutzte man als Behälter für die Glut ausgehöhlte Rüben. Eine alte irische Sage erzählt, dass ein Schmied namens Jack sein Leben lang den Teufel beschworen und diesen auch überlistet hatte: Jack nahm ihm das Versprechen ab, nicht in der Hölle schmoren zu müssen. Doch nach seinem Tod war ihm auch der Himmel versperrt, worauf ihm der Teufel ein Stück glühende Kohle gab. Jack höhlte eine Rübe aus und legte seine glühende Kohle hinein. Seither durchstreift er ruhelos mit seiner Laterne als »Jack of the Lantern« die Welt.
Beim Aushöhlen der Rüben wurden die Iren immer fantasievoller und schnitzten fratzenhafte Dämonengesichter aller Art. Auswanderer nahmen den Brauch mit nach Amerika, wo die Rüben durch die dort heimischen Kürbisse ersetzt wurden. Der einst friedliche Brauch artete im Lauf der Zeit aus und endet immer häufiger mit bösem Schabernack. Heute ziehen Kinder verkleidet von Haus zu Haus und rufen »Trick-or-treat« – »Süßes oder Streiche«.

Für jedes Kind der Höhepunkt eines Halloweenfestes – Grimassen in Kürbisse schnitzen.

In der Welt der Erwachsenen wurde Halloween zum herbstlichen Karneval, und selbst Pfarrgemeinden laden zu Hexenfesten ein. Doch auch schon die christlichen Missionare hatten mit dem keltischen Brauch ihre Probleme. Nachdem die bekehrten Heiden nicht von ihrem alten Fest ablassen wollten, wurde der 1. November als Allerheiligentag und der 2. November als Allerseelentag deklariert. Aus dem altenglischen Wort »to hallow« – was soviel wie »heiligen« oder »weihen« bedeutet – leitete sich »All Hallows' Eve« und davon »Halloween« und »Allerheiligen« ab.
Dank einer globalen Konsumindustrie wird heute Halloween weltweit kommerziell vermarktet. Dazu findet man bereits ab Ende August neben allerlei Plastikkitsch auch die dafür in Massen produzierten Kürbisse im Angebot. Werden dann aus diesen Früchten mit ihrem faden und schwammigen Fruchtfleisch Kürbisgerichte oder Suppe gekocht, hält sich die Begeisterung meistens in Grenzen. Deshalb der Rat: Zum Schnitzen und Ritzen einen Halloweenkürbis benutzen – für Gaumen und Magen einen guten Speisekürbis verwenden.

Die köstliche Riesenbeere

Dass Speisekürbisse sich nicht nur sehr dekorativ in der Wohnung machen, sondern auch ausgezeichnet in Gerichten schmecken, ist schon lange kein Geheimtipp mehr.
Das Tolle: Kürbis ist auch sehr gesund!

Multitalent Kürbis – gesund und lecker

Kürbis besitzt neben all den bereits bekannten positiven Eigenschaften viele wertvolle Inhaltsstoffe. Er kann als geniales Multitalent bezeichnet werden und sein gesundheitlicher Aspekt verdient weit größere Beachtung, als ihm bisher zuteil wurde. Allerdings kann je nach Sorte und Reife der Gehalt an Inhaltsstoffen unterschiedlich hoch sein.

Kürbis enthält wenig Eiweiß, Fett und Kohlenhydrate und ist dadurch wie andere Fruchtgemüse sehr kalorienarm. Das enthaltene Eiweiß ist sehr hochwertig und fördert die Insulinproduktion. Gegartes Kürbisfleisch ist leicht verdaulich und ballaststoffreich und gut als Reduktionskost geeignet. Das im Kürbis enthaltene Citrullin fördert die Ausscheidung von Stoffwechselabbauprodukten und die Entgiftung des Körpers.

Auffallend ist der hohe Kaliumgehalt. Kalium wirkt entwässernd und entschlackend und reguliert das Säure-Basengleichgewicht sowie den Wasserhaushalt in unserem Körper. Der geringe Natriumgehalt macht den Kürbis zu einer salzarmen Kost und wertvollen Diätspeise besonders bei der Behandlung von Bluthochdruck, Blasen- und Nierenleiden. Der häufig als fad empfundene Geschmack von gegartem Kürbis beruht auf seinem geringen Natriumgehalt. Das Kalium-Natrium-Verhältnis dient einer gesunden Ernährung.

Darüber hinaus enthält Kürbis die Spurenelemente Eisen, Fluor, Jod, Kupfer, Mangan, Molybdän, Selen und Zink.
Was Kürbisgemüse den gesundheitlich hohen Wert verleiht, ist die ausgewogene Zusammensetzung an Mineralstoffen, Spurenelementen, Vitaminen und bioaktiven Substanzen. Kürbissorten mit kräftig orangem Fruchtfleisch können auffallend viel Beta-Carotin enthalten und dabei Möhren weit übertreffen. Die Karotine wirken ebenso wie die reichlich enthaltenen Vitamine C und E als zellschützende Antioxidantien. Sie binden freie Sauerstoff-Radikale und können dadurch der Bildung von Tumoren sowie Ablagerungen an den Herzkranzgefäßen vorbeugen.

Kürbiskerne liefern dank ihrer wertvollen Inhaltsstoffe seit jeher eine gesunde Knabberei. Schon die Ureinwohner Amerikas sammelten die Früchte von den wild wachsenden Pflanzen wegen ihrer nahrhaften, eiweiß- und fettreichen Kerne. Grundsätzlich können alle Kerne der Speisekürbisse gegessen werden. Sehr ergiebig sind die großen und dicken Samen der Riesenkürbisse. Wer an den essbaren Kern gelangen will, muss allerdings die umgebende holzige Schale knacken.
In der Steiermark wird aus den Kernen bereits seit Jahrhunderten das köstliche Kürbiskernöl gepresst. Anfangs wurden dafür nur beschalte Kerne verwendet, so wie es heute noch in einigen Ostländern der Fall ist. In den Wintermonaten war die ganze Familie damit beschäftigt, die Samenkerne zu öffnen und die holzige Schale zu entfernen. Etwa um 1870 wurde eine schalenlose oder nacktsamige Mutante eines Gartenkürbis entdeckt. Heute werden die daraus hervorgegangenen Sorten als Ölkürbisse angebaut.

Da die Kürbisernte und die Entnahme der Kerne bis vor wenigen Jahrzehnten sehr mühsame und zeitaufwendige Handarbeit bedeutete, erfolgte der Anbau in immer weniger kleinbäuerlichen Betrieben. Um auch zukünftig die

Kürbis als Nahrungsmittel

- ist leicht bekömmlich und verdauungsfördernd
- liefert eine milde natriumarme Diät- und Reduktionsspeise
- hat eine blutreinigende und entschlackende Wirkung
- wirkt harntreibend und gegen Wasseransammlungen
- unterstützt die Behandlung von Bluthochdruck, Herz- und Nierenleiden

Inhaltsstoffe der Kürbiskerne

100 g Kürbiskerne enthalten

Fett	45 g	Wasser	2 g
Eiweiß	25 g	Kohlenhydrate	14 g
Ballaststoffe	8 g	Energie	600 kcal
Mineralstoffe	5 g	Vitamin E	20–30 mg

begehrten Kerne anbieten zu können, wurden im Zuge der Mechanisierungswelle in der Landwirtschaft Erntemaschinen für Kürbisse entwickelt. Heute erfolgt der Anbau – von der Aussaat über die Pflege bis zur Ernte – und die Aufbereitung der Kürbiskerne vollkommen mechanisiert.

In der Steiermark werden heute auf einer Fläche von weit über 10 000 ha Ölkürbisse für die Gewinnung der Kerne kultiviert. Diesem Beispiel folgen inzwischen auch Ungarn, Tschechien und Deutschland. Je ha Anbaufläche entwickeln sich etwa 5 000 bis 10 000 Kürbisse. Allein diese Zahl macht deutlich, dass eine Ernte von Hand kaum möglich ist. Mit der Erntemaschine werden die Früchte vom Boden aufgesammelt und zerquetscht. Die Kerne werden herausgesiebt und das Fruchtfleisch landet als organischer Dünger wieder auf dem Feld. Anschließend müssen die Kerne gereinigt, sortiert und getrocknet werden. Je Hektar schwankt der Ertrag zwischen 300 und 900 kg gewonnener Kürbiskerne.

Neben Bäckereien sind Arzneimittelfirmen wichtige Abnehmer der schalenlosen Kerne des Ölkürbis. Daraus hergestellte Extrakte, die bei Prostata- und Blasenbeschwerden auch ärztlich verordnet werden, sind in Apotheken erhältlich. Ein regelmäßiger Verzehr von mindestens 1–2 Esslöffel Kürbiskernen täglich über eine längere Dauer (Wochen oder Monate) kann bei gutartigen Vergrößerungen der Prostata und bei Blasenbeschwerden vorbeugend und heilend wirken. Die Kerne und das daraus gepresste Öl enthalten besonders viel Vitamin E. Dieses natürliche Antioxidans verhindert, dass die Fettsäuren oxidieren bzw. ranzig werden und schützt die Zellen vor vorzeitigen Alterungsprozessen.

Kürbiskernöl selbst herzustellen ist nicht üblich, da hierfür Spezialgeräte notwendig sind. Trotzdem soll hier dieses äußerst gesunde Öl kurz vorgestellt werden.

Großen Bekanntheitsgrad besitzt das geröstete steirische Kürbiskernöl. Um es zu gewinnen, werden die geschroteten Kerne unter ständigem Rühren in Pfannen erhitzt und dabei angeröstet. Dieser Vorgang erfordert viel Erfahrung und Fingerspitzengefühl und war früher ein gehütetes Geheimnis. Die heute verwendeten, computergesteuerten technischen Einrichtungen garantieren die exakte Einhaltung der optimalen Temperatur beim Röstvorgang.

Durch das Rösten der Kerne vor der Pressung erhält das Öl eine dunklere Farbe und einen nussigen Geschmack. Wer es noch nicht

Die aus den Früchten der Ölkürbissorten gewonnenen Kerne sind olivgrün und schalenlos. Sie werden von Arzneimittelfirmen, aber auch von Bäckern verarbeitet.

kennt, sollte das geschmacksintensive Öl anfangs sparsam verwenden. Es kann über fertig zubereitete Salate und Speisen gegeben werden. Zum Erhitzen in der Pfanne ist es nicht geeignet. Das in der Steiermark aus den dort geernteten Kürbiskernen gewonnene Öl ist durch eine EU-Verordnung geschützt. Inzwischen bauen auch einige Landwirte in Süddeutschland Ölkürbisse mit Erfolg an und bieten unter anderem ein naturbelassenes helles und milder schmeckendes Öl aus ungerösteten Kernen an. Der Anteil wertvoller einfach und mehrfach ungesättigter Fettsäuren ist im Kürbiskernöl mit etwa 80 % sehr hoch. Der hohe Vitamin E-Gehalt macht es zusätzlich gesundheitlich sehr wertvoll.

Durch das Erhitzen beim Röstvorgang verliert das Öl allerdings einen erheblichen Teil seiner Vitamine. Naturbelassenes, ungeröstetes Kürbiskernöl hat deshalb einen höheren gesundheitlichen Wert. Im Vergleich zu anderen kaltgepressten Ölen enthält es den höchsten Gehalt an Inhaltsstoffen und sekundären Pflanzenstoffen. Optisch ist dies an der kräftigen Farbe erkennbar. Es hat einen milden Geschmack und ist sehr bekömmlich. Der Gehalt an den nicht gewünschten gesättigten Fettsäuren ist gering, der Gehalt an entzündungshemmend wirkenden Phytosterine ist hoch. 1 bis 2 Esslöffel naturbelassenes Kürbiskernöl kann anstelle von Kürbiskernen mit gleichem Erfolg eingenommen werden. Zur regelmäßigen Einnahme gibt es auch Kapseln mit Kürbiskernöl.

Kürbiskernöl enthält

- 50–65 % hochwertiges, leichtverdauliches Fett
- 25–40 % hochwertiges, leichtverdauliches Eiweiß
- die Vitamine A (Betakarotin), B1, B2, C und E
- die Spurenelemente Kupfer, Mangan, Selen und Zink.

Fettsäurezusammensetzung im Kürbiskernöl

- 15–40 % einfach ungesättigte Ölsäure
- 35–60 % essentielle, zweifach ungesättigte Linolsäure
- 1–5 % dreifach ungesättigte Linolensäure
- 10–15 % gesättigte Palmitinsäure
- 3–6 % gesättigte Stearinsäure

Die Kerne der Ölkürbisse werden in der Steiermark maschinell geerntet. Nur das dort daraus gewonnene Kernöl darf die Bezeichnung »geschützter geografischer Anbau« führen.

Das A und O der Kürbisküche

Bevor ein Kürbis in der Küche verwendet und zubereitet wird, muss er aufgeschnitten werden. Wer damit noch wenig oder keine Übung hat, ist oft ziemlich überrascht, wieviel Widerstand ein festfleischiger Kürbis dabei bieten kann. Verursacht das Zerteilen mit dem Messer Mühe und Anstrengung, ist das ein sehr positives Zeichen für ein qualitativ gutes Fruchtfleisch. Weiche Kürbisse, wie zum Beispiel Halloween-Sorten, lassen sich selbst von Kindern mühelos schneiden. Doch wer gute Speisen und Gerichte zubereiten möchte, sollte diese Früchte dafür nicht verwenden.

Das Zerteilen von Kürbissen ist mit etwas Übung kein Problem! Wer einem festfleischigen Kürbis zu Leibe rücken will, benötigt dazu ein möglichst großes und scharfes Messer. Es sollte eine spitze und sehr stabile Klinge besitzen. Vom Kürbis ist als erstes der Stiel zu entfernen. Entweder drückt man dazu mit dem Handballen kräftig gegen den Stiel, bis er am Fruchtansatz wegbricht, oder man presst den Kürbis mit dem Stiel nach unten auf eine Unterlage, zum Beispiel Tisch oder Arbeitsplatte.

Nun wird der Kürbis mit seiner flachen Seite auf eine stabile Arbeitsfläche gelegt. Er soll nicht wegrollen, wenn versucht wird, das Messer von oben durch den Kürbis hindurchzudrücken. Oft ist es erforderlich, mit der zweiten Hand auf den Rücken der Messerklinge zusätzlichen Druck auszuüben.

Wer kein geeignetes Messer zur Hand hat oder zu wenig Kraft zum Durchschneiden aufbringt, kann sich mit einem leichten Trick helfen. Man nimmt den Kürbis und lässt ihn aus etwa 1 m Höhe auf einen Stein- oder Pflasterboden fallen. Gewöhnlich bekommt er zumindest einen Riss oder zerspringt sogar in zwei Teile. Wenn dies beim ersten Versuch noch nicht klappt, den Kürbis nochmals aus etwas größerer Höhe fallen lassen. Hat er einen Riss, kann er mit dem Messer mühelos vollends zerteilt werden. Aus dem Kernhaus der beiden Hälften werden mit einem Löffel die Kerne und weichen Fasern entfernt. Falls erforderlich, können die Hälften in Viertel oder etwa daumendicke Segmente zerteilt werden.

Soll die Frucht geschält werden, lassen sich die handlichen Viertel und Segmente dünnschaliger Früchte mit dem Spar- oder Kartoffelschäler schälen. Nur bei dickschaligen Früchten ist dazu ein Küchenmesser nötig. Bei einem frisch und jung geernteten Hokkaido-Kürbis kann auch auf das Schälen verzichtet werden. Bei längerer Lagerung der Früchte beginnt die Schale etwas härter zu werden. Im Zweifelsfall wird ein kleines Stück mit Schale abgeschnitten und roh gegessen. Beim Kauen läßt sich sofort feststellen, ob die Schale weich oder bereits holzig und faserig ist.

Liefert der Kürbis mehr Fruchtfleisch als im Augenblick benötigt wird, kann der Rest einige Tage in einem kühlen Raum oder im Kühlschrank gelagert werden. Ist nach einigen Tagen die Schnittfläche eingetrocknet, wird vor der weiteren Verwendung zuerst eine dünne Scheibe abgeschnitten. Darunter kommt wieder frisches Fruchtfleisch zum Vorschein. Die Schnittfläche trocknet weniger aus, wenn sie mit Frischhaltefolie bedeckt wird.

Inhaltsstoffe

100 g Kürbisfruchtfleisch enthält je nach Sorte und Reifegrad etwa

Wasser	80–95 g	Magnesium	8 mg
Kohlenhydrate	5,5 g	Natrium	1 mg
Eiweiß	1 g	Karotine	2–12 mg
Fett	0,1 g	Vitamin C	12 mg
Rohfaser	0,5–1,5 g	Vitamin E	1 mg
Energie	25 kca.l	Vitamin B1	0,05 mg
Kalium	400–600 mg	Vitamin B2	0,07 mg
Phosphor	45 mg	Vitamin B5	0,50 mg
Kalzium	30 mg	Vitamin B6	0,10 mg

Zum Garen des Kürbis kann man verschiedene Methoden anwenden.

Garen im Backrohr: Die vom Kernhaus befreiten und geputzten Hälften, Viertel oder Segmente werden auf einem Backblech je nach Größe etwa 30–60 Minuten bei 160–200 °C in die Backröhre gegeben. Bei hart- und dickschaligen und vor allem runzeligen Früchten ist es sinnvoller, sie mit der Schale zu garen. Anschließend kann das weiche Fruchtfleisch bequem mit einem Löffel von der Schale gelöst und weiterverarbeitet oder die Schnitze nach Geschmack gewürzt und gleich zum Essen serviert werden.

Garen im Dämpfer: Kürbis schälen, in Stücke schneiden und die Würfel im Gemüsedämpfer ja nach Größe 8–10 Minuten im Dampf garen, bis sie weich sind.

Garen im Kochtopf: Kürbisstücke mit wenig Wasser 5–10 Minuten kochen.

Garen in der Mikrowelle: Je nach Festigkeit und Größe sind die Kürbisstücke in etwa 4–8 Minuten gegart.

Herstellung von Kürbispüree

Das im Backrohr, Dämpfer, Kochtopf oder in der Mikrowelle weich gegarte Kürbisfleisch in eine Schüssel geben und mit dem Stabmixer pürieren. Ein besonders feines Püree erhält man, wenn das Fruchtfleisch durch ein Sieb gestrichen wird.

Das so gewonnene Kürbispüree kann bei der Herstellung von Nudeln und Spätzle und dem Backen von Brot und anderen Backwaren weiterverarbeitet oder gleich zum Essen serviert werden. Dazu wird es mit Salz, Butter, Sahne, Crème fraîche oder Sauerrahm und evtl. frischen Kräutern verfeinert. Wer die süße Variante liebt, gibt etwas Zucker oder Honig dazu. Zum Aromatisieren eignen sich Vanille und Zimt.

Das frisch hergestellte Kürbispüree kann mit etwas Butter, Öl und Salz süß oder pikant abgeschmeckt und anstelle von Kartoffelpüree serviert werden. Kürbispüree ist auch in der Babyernährung eine gute Alternative zum Karottenbrei.

Wird von einem großen Kürbis mehr Püree hergestellt, als im Augenblick verwendet wird, kann die restliche Menge tiefgefroren werden. Beim Tiefgefrieren zieht es Feuchtigkeit. Wenn nötig, das gefrorene Püree beim Auftauen zum Abtropfen in ein Sieb geben.

Der im Backrohr gegarte Kürbis ergibt ein relativ trockenes, das im Wasser gegarte Fruchtfleisch ein wässrigeres Püree. Es kann

Aus dem halbierten Kürbis werden Kerne und Fasern mit einem Löffel entfernt.

Der geputzte und geviertelte Kürbis wird in daumendicke Segmente geschnitten.

Dünnschalige Kürbisse können mit dem Sparschäler geschält werden.

Die geschälten Segmente werden in Stücke oder Würfel geschnitten.

nach dem Garen zum Abtropfen in ein Sieb gegeben werden.

Im Ofenrohr gebacken

Dafür eignen sich die faustgroßen, portionsgerechten Früchte der Gartenkürbisse besonders gut. Dazu den Kürbis halbieren, Kerne entfernen und Kernhaus säubern. Größere Früchte der Riesenkürbisse werden geviertelt oder in Segmente zerteilt. Die auf diese Weise rasch zubereiteten Kürbisse können dabei sehr praktisch mit der Schale gegart werden. Vor allem bei Sorten mit dicker und unebener Schale entfällt dabei das mühsame Schälen.
Die geputzten Kürbisstücke an den Schnittflächen mit Butter oder Öl bestreichen und je nach Geschmack mit Salz, Pfeffer und anderen Gewürzen bestreuen. Die Hälften, Viertel oder Schnitze auf einem Blech oder in einer flachen Gratinform im Backrohr je nach Größe für 30–60 Minuten bei 160–200 °C garen, bis sie weich sind. Warm servieren und eventuell nachwürzen. Das Kürbisfleisch lässt sich bequem mit einem Löffel aus der Schale heraus verkosten. Als Variante kann geriebener Käse in die Hälften oder über die Kürbisschnitze gestreut und im Ofen überbacken werden, bis der Käse geschmolzen ist. Die Kürbishälften können auch gut mit unterschiedlichen Füllungen zubereitet werden.

Grundsätzlich lassen sich auf diese Weise alle festfleischigen und auch größeren Kürbisse sehr einfach im Backrohr – ähnlich wie Bratäpfel – weich dünsten. Wenn im Backrohr Fleisch gebraten wird, liefern gleichzeitig mitgeschmorte Kürbisschnitze eine köstliche Beilage. Besonders Früchte der Riesenkürbisse, die ein feines Maronen-Aroma entfalten, ergeben dabei eine sehr delikate Beilage oder auch allein eine kleine, ausreichende Mahlzeit.

Mit einem Löffel wird das weich gegarte Kürbisfleisch aus der Schale geschabt.

Hier wurde gegartes Kürbisfleisch als Püree zubereitet.

Kürbissuppe ist ein Klassiker in der Küche. Weichfleischige Kürbisse verkochen ebenso wie junge Zucchini schnell zu einem Brei oder Mus. Aus ihnen lässt sich zwar rasch Suppe bereiten, doch auch dafür lohnt die Verwendung einer festfleischigen Sorte.

Eine einfache Variante: die vorbereiteten Kürbisstücke in Brühe geben und etwa 10 Minuten garen, anschließend pürieren und nach Geschmack würzen – fertig.

Etwas mehr Zeit erfordert Variante 2: dazu in einem Topf etwas Öl erhitzen, kleingeschnittene Zwiebeln und, je nach Geschmack, Knoblauchzehen darin andünsten, nach 2–3 Minuten die Kürbiswürfel dazu geben und einige Minuten mit dünsten. Dann mit Brühe – Gemüse- oder Fleischbrühe – aufgießen und etwa 10 Minuten köcheln lassen. Die gegarten und weichen Kürbisstücke mit einem Kartoffelstampfer zerdrücken oder mit dem Stabmixer pürieren.

Zum Würzen eignen sich frische Gartenkräuter und südländische oder asiatische Gewürze. Besonders gut mit Kürbis harmonieren Curry, Ingwer, Pfeffer, Chinagewürz, Muskat, Lorbeerblätter, Thymian, Worcestershiresauce oder Balsamico und zum Abschmecken Sojasauce. Zum Ausgleich des geringen Natriumgehaltes des Kürbisfleisches ist die Verwendung von Kräuter- oder Meersalz angebracht. Soll aus gesundheitlichen Gründen eine salzarme Kost bevorzugt werden, verwendet man anstelle von Salz reichlich Kräuter und Gewürze.

Als Suppeneinlage bieten sich geröstete Weißbrotcroutons und angebratene Champignons oder Pfifferlinge an. Zerbröckelter Blauschimmelkäse, kurz in der Suppe mit erwärmt, gibt eine deftige Geschmacksvariante. Ein Klecks Sauerrahm, süße Sahne oder Crème fraîche verfeinert den Augen- und Gaumenschmaus. Wer möchte, streut in einer Pfanne kurz angeröstete Kürbiskerne darüber und gibt einen Schuss Kürbiskernöl dazu.

Grundsätzlich lässt sich aus jedem Kürbis Suppe zubereiten. Doch wie schon erwähnt, ist auch hier die Verwendung eines Kürbis mit festem und trockenem Fruchtfleisch anstelle einer wässrigen Frucht unbedingt zu empfehlen und lohnend. Das Ergebnis ist eine sämige und viel schmackhaftere Kürbissuppe, von der auch eingefleischte Kürbisverächter begeistert sein werden. Sollte die Suppe beim Kosten fade schmecken, fehlt es einfach noch an Salz und Gewürzen.

Weil Kürbis einen schwachen bzw. neutralen Eigengeschmack hat, ist es grundsätzlich möglich, ihn bei der Zubereitung mit jeder anderen Gemüseart zu kombinieren. Der Fantasie beim Kochen sind dabei kaum Grenzen gesetzt. Wer diesen Vorteil erst entdeckt hat, wird immer wieder neue Kürbisgerichte ausprobieren.

Je festfleischiger der Kürbis ist, desto sämiger wird die daraus zubereitete Suppe. Bei Bedarf einfach noch etwas Flüssigkeit zugeben.

Rezept-Ideen für Groß und Klein

Aus Kürbissen lassen sich tolle Gerichte zaubern! Ob als Puffer gebraten, als frischer Salat oder leckeres Risotto – die ganze Familie und Ihre Gäste werden von der Vielfalt Ihrer Kürbisküche begeistert sein. Alle Rezepte sind auf 4 Personen ausgelegt und ohne großen Aufwand umzusetzen.

Kürbiskuchen mit Ziegenkäse

_ 400 g Kürbis
_ 300 g Blätterteig, tiefgefroren
_ 150 g Ziegenfrischkäse
_ 100 g Sauerrahm
_ Kräutersalz, Pfeffer und Rosmarin

Zubereitung: Leicht
Dauer: ca. 1 Stunde

Backofen auf 180 °C vorheizen. Kürbis in kleine, etwa 5 mm dicke Streifen schneiden.
Den Blätterteig kurz antauen lassen. Eine quadratische Springbackform einfetten oder mit Backtrennpapier auslegen. Die Blätterteigstücke in die Springform legen und an den Rändern zusammendrücken, sodass ein durchgehender Boden entsteht. Den Blätterteig 5 Minuten im Backofen vorbacken.
Kürbisstücke in Kräutersalz und Pfeffer wenden.
Ziegenfrischkäse und Sauerrahm verrühren.
Blätterteig aus dem Backofen nehmen und mehrfach mit einer Gabel einstechen.
Frischkäse-Sauerrahmmasse auf dem Blätterteig verstreichen und Kürbisstreifen darüber verteilen. Im Backofen ca. 25 Minuten knusprig backen.
Vor dem Servieren mit Rosmarin garnieren.

Kürbis-Gratin mit Speck

_ 1 kg Kürbis, in dünne Scheiben gehobelt
_ 100 g geräucherter durchwachsener Speck, fein gewürfelt
_ 100 g geriebener Emmentaler
_ 1 Becher Schlagsahne
_ Kräuter nach Belieben
_ Salz und Pfeffer

Zubereitung: Mittelschwer
Dauer: ca. 1 Stunde

Kürbisscheiben mit Salz und Pfeffer würzen und in eine gefettete Gratinform schichten. Dabei etwas geriebenen Käse dazwischen geben.
Das Ganze mit der Sahne übergießen, mit dem restlichen Käse überstreuen und im vorgeheizten Backofen bei 200 °C etwa 25 – 30 Minuten backen. In der Zwischenzeit den Speck würfeln, über das Gratin streuen und nochmals etwa 15 Minuten backen.

Zu einem Glas Weißwein ist ein Stück herzhafter Kürbiskuchen mit Ziegenkäse eine gute Begleitung.

Die schöne Farbkombination von Kürbis, Roter Bete, Spinat und Schafskäse macht Appetit auf mehr.

Kürbis-Salat mit Roter Bete

_ 500 g Kürbis
_ 100 g Spinat
_ 250 g Schafskäse
_ 2 mittelgroße Rote Bete
_ 2 rote Zwiebeln
_ Weißer Balsamico
_ Olivenöl
_ Salz und Pfeffer

Zubereitung: Mittelschwer
Dauer: ca. 2 Stunden

Rote Bete weich kochen (oder vorgekocht kaufen), auskühlen lassen, schälen und in mundgerechte Stücke zerteilen.
Kürbis grob würfeln. Zwiebeln achteln und in ihre einzelnen Schichten zerteilen.
Kürbis und Zwiebeln auf geöltem Backblech bei 180 °C im Backofen ca. 30 Minuten weich garen und anschließend abkühlen lassen.
Spinat auf Tellern anrichten.
Kürbis, Rote Bete und Zwiebeln darauf verteilen. Salat salzen, pfeffern und mit Balsamico und Öl beträufeln.
Zum Abschluss den zerzupften Schafskäse über den Salat streuen.

Marinierter Kürbis

_ 750 g Kürbis, in 5 mm dicken Scheiben
_ 1 mittelgroße Zwiebel, in dünnen Streifen
_ Grobes Meersalz
_ Olivenöl zum Fritieren
_ 1½ TL Zucker
_ 5 EL Weißweinessig
_ ¾ TL Salz
_ ½ TL frisch gemahlener schwarzer Pfeffer
_ 6 Zweige frische Minze, grob gehackt

Zubereitung: Anspruchsvoll
Dauer: ca. 60 Minuten

Kürbisscheiben mit etwas Meersalz bestreuen.
Olivenöl in einen Topf geben, nicht zu stark erhitzen. Kürbisscheiben portionsweise 5 Minuten von beiden Seiten goldgelb fritieren. Die Scheiben auf etwas Küchenpapier abtropfen lassen.
Hitze reduzieren und das Öl bis auf etwa 3 EL aus dem Topf gießen. Zwiebelscheiben hineingeben, mit Zucker bestreuen und unter Rühren 15 Minuten goldbraun braten.
Essig und 4 EL Wasser zufügen und unter ständigem Rühren kochen, bis die Flüssigkeit auf die Hälfte reduziert ist.
Kürbisscheiben auf einem Teller anrichten, salzen und pfeffern. Den Sud darüber geben und mit der Minze bestreuen. Abkühlen lassen und zimmerwarm servieren.

Scharfer Kürbis mit Avocado

_ 700 g Kürbis, in ca. 1 cm dicken Scheiben
_ 2 EL Olivenöl
_ 1 kleine rote Zwiebel, feingehackt
_ 2 TL Balsamico-Essig
_ 1 TL feiner brauner Zucker
_ 1 große Avocado
_ 1 EL gehackte glatte Petersilie
_ 3 EL süße Chilisauce
_ 1 EL gehackter Ysop
_ Salz

Zubereitung: Mittelschwer
Dauer: ca. 45 Minuten

Kürbis in einem großen Topf in kochendem Wasser blanchieren.
Blanchierten Kürbis aus dem Wasser nehmen und abtropfen lassen.
Öl, Chilisauce, Zwiebel, Salz, Essig, Zucker und Kräuter in einer Schüssel gut vermengen.
Avocado schälen und das Fruchtfleisch in dünne Scheiben schneiden.
Warmen Kürbis und Avocadoscheiben auf einer Platte anrichten. Mit dem Dressing gleichmäßig beträufeln.

Kürbis-Linsen-Salat

- 400 g Kürbis, klein gewürfelt
- 200 g rote Linsen
- 150 g Staudensellerie, fein gewürfelt
- 150 g Schafskäse
- 700 ml Gemüsebrühe
- 400 ml Obstessig
- 100 g Zucker
- 150 ml Olivenöl
- 1/4 TL gemahlener Koriander
- 25–30 g frische Ingwerwurzel, fein gewürfelt
- 1 rote Peperoni, fein gewürfelt
- Cayennepfeffer, Salz und Schnittlauch

Zubereitung: Anspruchsvoll
Dauer: ca. 75 Minuten

Gemüsebrühe aufkochen. Linsen kalt abspülen, abtropfen und mit dem Koriander 5 Minuten bei mittlerer Hitze in der Brühe garen lassen. Im Anschluss Linsen in einem Sieb abtropfen lassen.
Zucker im Essig aufkochen, bis er sich auflöst. Kürbiswürfel 5 Minuten darin kochen. Dann den Topf von der Kochstelle ziehen und die Kürbiswürfel im Sud kalt werden lassen.
Für die Vinaigrette 8 EL vom Essigsud mit Salz, Cayennepfeffer und 100 ml Olivenöl gut verschlagen.
Alle vorbereiteten Zutaten – bis auf Schnittlauch und Käse – mit den abgetropften Kürbiswürfeln in die Vinaigrette geben und gut mischen.
Den Salat mindestens 2–3 Stunden (am besten über Nacht) durchziehen lassen. Vor dem Servieren nochmals abschmecken und den Salat mit Schnittlauch und bröckeligem Schafskäse bestreuen.

Spinat-Kürbis-Flan

- 300 g Kürbis
- 300 g Spinat
- 6 Eier
- 50 g Butter
- Salz, Pfeffer, Muskat

Zubereitung: Leicht
Dauer: ca. 50 Minuten

Kürbis raffeln oder in kleine Stücke schneiden. In einem Topf mit 3 EL Wasser und 1 EL Butter zugedeckt ca. 5 Minuten weich garen. Mit Salz und Pfeffer würzen und abkühlen lassen.
Spinat tropfnass in einem geschlossenen Topf bei mittlerer Hitze zusammenfallen lassen. In ein Sieb geben und gut abtropfen lassen oder ausdrücken. Dann mit Salz, Pfeffer und Muskat abschmecken.
Kürbismasse mit dem Mixstab fein pürieren, nach und nach 3 Eier untermengen.
Die übrigen 3 Eier nacheinander mit dem Mixstab unter den Spinat rühren.
4 Flan-Förmchen mit reichlich Butter ausstreichen und abwechselnd die Kürbis- und Spinatmasse einfüllen. Im Dampfgarer bei 95 °C 20 Minuten pochieren oder die Förmchen in ein mit kochendem Wasser gefülltes Backblech stellen und bei 100 °C 20 Minuten im Backofen garen. Auf einen Teller stürzen und mit Blattsalat servieren.

Spinat-Kürbis-Flan ist ein leichtes Gericht – und sieht raffiniert aus.

Kürbis-Risotto, mit Reis oder Gerstengraupen zubereitet, schmeckt fein und macht satt.

Kürbis-Risotto

_ 400 g Kürbis, gewürfelt
_ 200 g Möhren, gewürfelt
_ 200 g Knollensellerie, gewürfelt
_ 200 g Lauch, in dünne Ringe geschnitten
_ 200 g Gerstengraupen
_ 100 g geriebener Parmesan
_ 1 l Gemüsebrühe
_ 40 g Butter
_ Salz und Pfeffer
_ Muskatnuss
_ Glatte Petersilie und Salbeiblätter

Zubereitung: Mittelschwer
Dauer: ca. 1 Stunde

Gemüsebrühe zum Kochen bringen. Möhren und Sellerie zugeben und etwa 5 Minuten kochen lassen. Kürbis und Lauch hinzufügen und nochmals 3–5 Minuten kochen. Gemüse mit der Schaumkelle entnehmen.
Gemüsewasser wieder zum Kochen bringen, Graupen einrühren und 20–25 Minuten leicht köcheln lassen. Gelegentlich umrühren.
Gemüse unter Graupen rühren und nochmals für 2–3 Minuten garen.
Parmesan einrühren, anschließend mit Salz, Pfeffer und Muskat abschmecken.
Risotto mit gehackter Petersilie bestreuen und mit Salbeiblättern garnieren.

Tipp:
Dieses Gericht kann auch in einem ausgehöhlten und vorgewärmten Kürbis serviert werden.

Kürbis-Gnocchi

_ ca.1 kg Kürbis mit Schale, in Viertel geteilt
_ 200 g Mehl
_ 50 g frisch geriebener Parmesan
_ 1 Ei, verquirlt
_ 100 g Butter
_ 2 EL frische Kräuter (Petersilie, Salbei, Thymian), feingehackt
_ Salz und Pfeffer

Zubereitung: Anspruchsvoll
Dauer: ca. 90 Minuten

Backofen auf 200 °C vorheizen und Kürbisstücke mit Schale auf einem Backblech etwa 1 Stunde lang weich garen.
Kürbis aus dem Ofen nehmen, etwas abkühlen lassen und das weich gegarte Fruchtfleisch mit einem Löffel von der Schale nehmen.
Kürbispüree und Mehl in eine Schüssel geben. Die Hälfte des Parmesans, das Ei und etwas frisch geriebenen Pfeffer sowie Salz untermengen.
Die Masse auf einer leicht bemehlten Arbeitsfläche in 2 Minuten zu einem glatten Teig kneten. Zugedeckt etwa 10 Minuten ruhen lassen.
Teig in 4–5 Portionen aufteilen und aus jeder Portion mit der bemehlten Handfläche daumendicke Rollen formen. Davon 3 cm lange Stücke abschneiden und diese mit einer Gabel leicht eindrücken, damit ein Rillenmuster entsteht.
Die Gnocchi portionsweise in einem großen Topf mit sprudelndem Salzwasser 2 Minuten garen, bis sie an die Oberfläche steigen. Mit einem Schaumlöffel herausnehmen und warmhalten.
Die Butter in einer Pfanne schmelzen, vom Herd nehmen und die Kräuter hineinrühren. Die Gnocchi zum Servieren auf 4 Teller verteilen, mit der Kräuterbutter begießen und mit dem restlichen Parmesan bestreuen.

Gemüse-Kürbis-Pfanne

_ 500 g Kürbis, in dünnen Scheiben
_ 250 g Möhren, in dünnen Scheiben
_ 250 g Zucchini, in dünnen Scheiben
_ 4 EL Olivenöl
_ 4 EL Weißwein
_ 1 Zweig Rosmarin
_ Salz und Pfeffer
_ 3 Knoblauchzehen, fein gewürfelt
_ 1 EL gehackte Petersilie
_ 4 EL Crème fraîche

Zubereitung: Leicht
Dauer: ca. 50 Minuten

Öl in einer Pfanne erhitzen und das Gemüse unter Wenden anbraten.
Rosmarinzweig und Wein dazugeben und das Gemüse unter Wenden schmoren lassen.
Mit Salz und Pfeffer würzen, Knoblauch und Petersilie unter das Gemüse mischen.
Kürbisgemüse auf den Tellern anrichten und in die Mitte je 1 EL Crème fraîche geben.

Tipp:
Das Gemüse passt besonders gut zu kurz gebratenem Fleisch.

Kürbis-Spätzle

_ 300 g Spätzlemehl
_ 250 g Kürbispüree
_ 1 TL Salz
_ 3 Eier
_ 1 EL Butter

Zubereitung: Anspruchsvoll
Dauer: ca. 50 Minuten

Kürbispüree und Eier mit dem Pürierstab vermengen. Mehl und Salz dazugeben.
Mit dem Schneebesen einen zähflüssigen Teig rühren. Dazu etwas Wasser je nach Feuchtigkeitsgehalt des Kürbispürees zugeben. Kurz stehen lassen.
In der Zwischenzeit in einem großen Topf reichlich Salzwasser aufkochen lassen.
Spätzleteig portionsweise mit dem Spätzlehobel in das kochende Wasser streichen.
Sobald die Spätzle an die Oberfläche steigen, mit einem Schaumlöffel herausnehmen und kurz unter kaltem Wasser abschrecken.
Vor dem Servieren in einer Pfanne in etwas Butter anbraten.
Mit frischem Salat servieren.

Kalbsröllchen mit Kürbis

_ 4 dünne Kalbsschnitzel
_ 400 ml Kalbsbouillon
_ 300 g Kürbis, geraspelt
_ 100 g Kürbis, fein gewürfelt
_ 4 in Öl eingelegte getrocknete Tomaten, fein gewürfelt
_ 2 EL Sherry
_ Öl, Salz, Pfeffer und scharfe rote Paprika

Zubereitung: Mittelschwer
Dauer: ca. 1 Stunde

Geraspelten Kürbis in Öl ca. 10 Minuten weich dünsten, zerdrücken, würzen und abkühlen lassen.
Schnitzel flach klopfen, salzen und pfeffern.
Gegarten Kürbis auf den Schnitzeln verteilen, einrollen und mit etwas Küchengarn zusammenbinden.
Die Röllchen in Öl bräunen, mit Bouillon und Sherry aufgießen. Zugedeckt ca. 20 Minuten gar werden lassen, dann Kürbiswürfel und gewürfelte Tomaten zugeben und für weitere 10 Minuten schmoren.
Sauce vor dem Servieren pikant abschmecken.

Kalbsröllchen mit Kürbis sind ideal für ein Sonntagsessen mit der ganzen Familie.

Flammkuchen mit Kürbis –
eine raffinierte Geschmacks-
kombination!

Flammkuchen mit Kürbis

Teig
_ 300 g Mehl
_ 3 EL Öl oder Schmalz
_ Knapp 200 ml Wasser
_ Salz

Belag
_ 600 g Kürbis
_ 250 g Feta
_ 150 g Crème fraîche
_ 2 rote Zwiebeln, fein geschnitten
_ Öl

Zubereitung: Anspruchsvoll
Dauer: ca. 60 Minuten

Zutaten für den Teig in der Küchenmaschine oder von Hand weich kneten, dabei die Wassermenge nach Bedarf zugeben. Die Masse darf nicht kleben.
Teig in 8 Portionen teilen und dünn ausrollen. Kürbis in etwa 3 mm dünne Scheiben schneiden und in Olivenöl 10 Minuten weich garen. Nach der Hälfte der Zeit die feinen Zwiebelscheiben dazugeben.
Crème fraîche auf dem ausgerollten Teig verstreichen, darüber die Kürbis-Zwiebelmasse gleichmäßig verteilen.
Mit zerkrümeltem Feta bestreuen. Flammkuchen im auf Höchsttemperatur vorgeheizten Backofen auf der untersten Schiene bei 230 °C in 10 Minuten knusprig backen.

Nudeln mit Kürbissauce

_ 500 g kurze Nudeln, z. B. Farfalle oder Rigatoni
_ 500 g Kürbis, fein gewürfelt
_ 2 Lauchstangen, in feinen Scheiben
_ 50 g Butter
_ 300 ml Sahne
_ 50 g frischer Parmesan, gerieben oder gehobelt
_ Salz, Muskat
_ Rucola

Zubereitung: Leicht
Dauer: ca. 45 Minuten

Butter in einem großen Topf erhitzen. Den Lauch in 4 EL Wasser abgedeckt bei niedriger Hitze 5 Minuten köcheln lassen, dabei gelegentlich umrühren.
Kürbis und Muskat zugeben und abgedeckt 8 Minuten köcheln lassen.
Sahne zugeben und aufkochen. Unter gelegentlichem Rühren das Gemüse 8 Minuten weich garen, dann würzen und abschmecken.
Nudeln wie gewohnt zubereiten und mit der Gemüsesauce auf die Teller geben. Mit frischem Parmesan bestreuen und mit Rucolablättern garnieren.

Kürbis-Frittata

_ 250 g Kürbis
_ 1 Zwiebel
_ 8 Eier
_ 4 EL Olivenöl
_ Salz und Pfeffer
_ Frische Kräuter nach Geschmack (Petersilie, Ysop, Schnittlauch)

Zubereitung: Leicht
Dauer: ca. 40 Minuten

Kürbis in sehr kleine Würfelchen schneiden und die Zwiebel fein hacken.
Kürbis- und Zwiebelwürfel in einer Pfanne mit 2 EL Olivenöl bei niedriger Temperatur weich schmoren. Mit Salz und Pfeffer würzen.
Würfelchen aus der Pfanne nehmen und etwas abkühlen lassen.
Eier verquirlen und den Kürbis sowie die fein geschnittenen Kräuter unterrühren.
In der Pfanne restliches Olivenöl erhitzen.
Eier-Kürbis-Masse in die Pfanne gießen und bei mittlerer Hitze stocken lassen.
Sobald der Eierkuchen zu Dreiviertel durchgegart ist, wenden.
Mit Schnittlauch bestreuen und mit frischem Salat servieren.

Bulgur mit Kürbisgemüse

- _ 350 g Kürbis, klein geschnitten
- _ 200 g Champignons, halbiert
- _ 270 g Bulgur
- _ 1 kleine Zucchini, kleingeschnitten
- _ 2 Zwiebeln, in Ringe geschnitten
- _ 4 Tomaten, enthäutet und geviertelt
- _ 1 Knoblauchzehe, zerdrückt
- _ 2 EL Olivenöl
- _ 150 ml Gemüsebrühe
- _ 1 Messerspitze Zimt
- _ 1 TL Curry
- _ Salz und frisch gemahlener Pfeffer
- _ 1 TL Oregano
- _ ½ TL Thymian
- _ 4 EL Rotwein

Zubereitung: Mittelschwer
Dauer: ca. 1 Stunde

675 ml Wasser mit 1–2 TL Salz zum Kochen bringen. Bulgur hinzufügen und ohne Deckel bei milder Hitze 12–15 Minuten quellen lassen, bis die Flüssigkeit verdampft ist. Knoblauch und Zwiebelringe in heißem Öl kurz anschwitzen.

Kürbis, Zucchini, Pilze und Brühe in den Topf geben und etwa 10 Minuten bissfest dünsten. Mit Gewürzen und Rotwein abschmecken. Tomaten zugeben und kurz ziehen lassen. Bulgur auf Teller anrichten und das Kürbisgemüse darauf verteilen.

Kürbispuffer

- _ 500 g Kürbis, grob gerieben
- _ 100 g geriebener Hartkäse
- _ 100 g durchwachsener Speck
- _ 100 g Mehl
- _ 2 Eier
- _ 1 Bund glatte Petersilie
- _ 1 kleine scharfe rote Peperoni, fein gehackt
- _ Frischer Thymian
- _ Öl zum Braten
- _ Salz

Zubereitung: Leicht
Dauer: ca. 1 Stunde

Kürbisfleisch salzen und ca. 30 Minuten stehen lassen. Danach gut ausdrücken. Speck und Zwiebeln fein würfeln und anbraten. Kürbis in die Pfanne hinzugeben, alles kurz anbraten und abkühlen lassen.
In einer Schüssel Eier, Mehl, Petersilie, Peperoni und Käse zum angebratenen Kürbis geben, gut vermischen und abschmecken.
Aus dem Teig ca. 12 Puffer formen und jeweils in heißem Öl goldbraun braten.
Mit Thymian garnieren und servieren.

Die herzhaften Kürbispuffer schmecken mit einem Klacks Sauerrahm besonders gut.

Geschmortes Lamm im Kürbis

_ 600 g Lammgulasch
_ 400 g Kürbis, in Stücke geschnitten
_ 300 ml Rotwein
_ 4 Zwiebeln
_ 4 Möhren
_ 2 EL Olivenöl
_ 2 Wacholderbeeren
_ Salz und Pfeffer
_ Lorbeerblatt und Thymian

Zubereitung: Mittelschwer
Dauer: ca. 90 Minuten

Gulasch trocken tupfen. Öl in einem Bratentopf erhitzen, Zwiebeln und Fleisch darin portionsweise braun anbraten. Mit Wein und 250 ml Wasser ablöschen.
Mit Salz, Pfeffer, Lorbeer, Thymian und Wacholderbeeren würzen.
Bei schwacher Hitze etwa 45 Minuten schmoren lassen.
Möhren und Kürbis untermischen. Nochmals mit Salz und Pfeffer würzen, dann soviel Wasser dazugießen, dass alles knapp mit Flüssigkeit bedeckt ist.
Bei schwacher Hitze etwa 15 Minuten fertig schmoren. Abschmecken.

Tipp:
Als Überraschung für Gäste können Sie das Gulasch in einem ausgehöhlten und vorgewärmten Kürbis servieren.

Herbstliches Kürbis-Gemüse

_ 600 g gewürfelter Kürbis
_ 3 säuerliche Äpfel, gewürfelt
_ 1 Stange Lauch, in 1 cm dicken Scheiben
_ 1 Zwiebel, fein gewürfelt
_ 1 EL Butter
_ Salz und Pfeffer
_ 1–2 TL Curry
_ ½ TL Honig
_ 75 ml Apfelsaft

Zubereitung: Mittelschwer
Dauer: ca. 40 Minuten

Butter in einem Topf zerlassen und Zwiebeln sowie Lauch darin andünsten.
Kürbis- und Apfelwürfel dazugeben und mitdünsten. Mit Salz, Pfeffer, Honig und Curry abschmecken.
Den Apfelsaft angießen und alles bei mittlerer Hitze im geschlossenen Topf etwa 10 Minuten lang garen.

Kürbis-Kartoffel-Püree

_ 300 g mehlige Kartoffeln, halbiert oder geviertelt
_ 300 g Kürbis, grob gewürfelt
_ 300 ml Milch
_ Salz
_ 2 EL Butter
_ Muskat nach Belieben

Zubereitung: Leicht
Dauer: ca. 40 Minuten

Geschälte Kartoffeln im Gemüsedämpfer 10 Minuten vorgaren.
Kürbis dazugeben und dämpfen, bis alles gut weich ist. Milch erhitzen.
Kartoffeln und Kürbis in einer großen vorgewärmten Schüssel mit einem Kartoffelstampfer zerdrücken. Die fast kochende Milch dazugeben.
Nochmals gut stampfen, dann mit Butter und Salz abschmecken.

In einem ausgehöhlten und angewärmten Kürbis serviert, bieten Kürbisgerichte einen attraktiven Anblick.

Zur Kürbis-Tarte mit Schinken passt wunderbar ein frischer gemischter Blattsalat.

Kürbis-Tarte mit Schinken

Teig
_ 250 g Mehl
_ 125 g Butter
_ 1 TL Salz
_ 5 EL kaltes Wasser

Belag
_ 500 g Kürbis
_ 2 Eier
_ Salz, Pfeffer, Muskat, Chilipulver
_ 150 g gekochter Schinken
_ 3 EL Kürbiskerne
_ 100 g Crème fraîche

Zubereitung: Anspruchsvoll
Dauer: ca. 90 Minuten

Für den Teig Mehl, Salz und Butterflöckchen vermischen und krümelig reiben. Wasser nach Bedarf in geringen Mengen zugeben und zu einer geschmeidigen Masse verarbeiten. Etwa 30 Minuten kalt stellen.
Kürbis in Scheiben schneiden und im Backofen bei 180 °C weich garen. Dann abkühlen lassen und pürieren.
Eier, Crème fraîche und Gewürze unter den Kürbis rühren.
Teig dünn ausrollen, Boden und Rand einer gefetteten Springform auskleiden und Kürbismasse einfüllen. Mit Schinkenstreifen und Kürbiskernen bestreuen.
Kürbis-Tarte etwa 40 Minuten bei 190 °C im Backofen backen.

Kürbis-Gratin auf italienische Art

_ 800 g Kürbis, gewürfelt (3 × 3 cm)
_ 150 g frischer Parmesan, gerieben
_ 60 ml Olivenöl
_ Salz und schwarzer Pfeffer, frisch gemahlen

Zubereitung: Leicht
Dauer: ca. 75 Minuten

Backofen auf 180 °C vorheizen.
Olivenöl, Salz und Pfeffer in eine große Schüssel geben und den Parmesan einrühren.
Kürbis in dieser Mischung wenden, sodass die Würfel von allen Seiten gut überzogen sind.
Eine große flache Gratinform mit etwas Olivenöl ausstreichen.
Die Kürbiswürfel hineinfüllen und etwa 45 Minuten backen, bis der Kürbis weich ist.

Schweizer Kürbis-Auflauf

_ 300 g Kürbispüree
_ 150 g geriebener Emmentaler
_ 3 EL Öl
_ 3 EL Sahne
_ 4 Eier
_ Salz
_ 120 g Mehl
_ 1 gestrichener TL Backpulver
_ 1 rote Paprika, fein gewürfelt

Zubereitung: Mittelschwer
Dauer: ca. 1 Stunde

Kürbispüree, Käse, Öl und Sahne verrühren.
Rote Paprika und Salz hinzugeben und abschmecken.
Backpulver und Mehl mischen, unter die Kürbismasse heben und in eine gefettete Auflaufform geben.
Auflauf im auf 180 °C vorgeheizten Backofen ca. 45 Minuten backen.
Warm oder kalt servieren.

Das in den Teig gemischte Kürbispüree gibt dem Brot eine kräftig gelbe Farbe.

Kürbis-Brot

_ 500 g Mehl
_ 300 g Kürbispüree
_ 2 TL Salz
_ 1 TL Zucker
_ 1 Würfel Hefe
_ 150 g Kürbiskerne

Zubereitung: Anspruchsvoll
Dauer: ca. 2 Stunden

Hefe mit Zucker und wenig lauwarmem Wasser verrühren, etwa 10 Minuten gehen lassen. Mehl, Kürbispüree und Salz mit dem Vorteig und etwas lauwarmem Wasser sowie den Kürbiskernen verkneten, bis ein fester glatter Teig entsteht.
Teig an einem warmen Platz zum Gehen stehen lassen, bis sich die Menge verdoppelt hat. Brotteig in eine Brotbackform geben oder zu einem runden Laib formen und auf ein Backblech setzen. Nochmals etwa 30 Minuten gehen lassen.
Backofen auf 220 °C vorheizen. Brotteig einschieben und nach 20 Minuten Temperatur auf 180 °C reduzieren. Damit das Brot goldbraun wird, sollte es etwa 45 Minuten gebacken werden.
Brot herausnehmen und prüfen, ob es hohl klingt, wenn man auf die Unterseite klopft. Wenn das der Fall ist, Brot auf einem Drahtrost auskühlen lassen.

Tipp:
Statt aus dem Teig einen Brotlaib zu formen, können auch mehrere kleine Brötchen gebacken werden. Die Backdauer beträgt dann etwa 20 Minuten.

Kürbiskernkuchen

_ 1 Bio-Orange
_ 200 g Kürbis, fein gerieben
_ 150 g Haselnusskerne
_ 150 g Kürbiskerne
_ 6 Eier
_ 150 g brauner Zucker
_ 1 Päckchen Vanillezucker
_ 1 EL Rum
_ 100 g Mehl
_ 1 TL Backpulver
_ Butter und Semmelbrösel für die Form

Zubereitung: Mittelschwer
Dauer: ca. 90 Minuten

Form fetten und mit Semmelbröseln ausstreuen. Backofen auf 180 °C vorheizen.
Orange waschen und abtrocknen. Die Schale fein abreiben und Orange auspressen.
Nuss- und Kürbiskerne hacken oder mahlen.
Eier trennen. Eigelb mit dem Zucker, Vanillezucker, Rum und Orangensaft gut schaumig rühren. Kürbis, geriebene Orangenschale und 1/3 der Nüsse untermischen.
Mehl mit Backpulver und den restlichen Nüssen vermischen. Eiweiß zu sehr steifem Schnee schlagen.
Eischnee und Mehl-Nussmasse mit dem Schneebesen unter den Kürbisteig heben.
Masse in die Form füllen und 1 Stunde im Ofen backen.
Kuchen in der Form 10 Minuten stehen lassen, stürzen und auf einem Kuchengitter vollständig auskühlen lassen.

Tipp:
Nach dem Auskühlen den Kuchen mit etwas Puderzucker bestäuben.

Kürbiszopf

_ 250 g Mehl
_ 1 Würfel Hefe
_ 1/8 l lauwarme Milch
_ Salz
_ 50 g Zucker
_ 250 g Kürbispüree
_ 100 g getrocknete Sauerkirschen, halbiert oder getrocknete Cranberries

Zubereitung: Anspruchsvoll
Dauer: ca. 2 Stunden

Hefeteig herstellen und Trockenfrüchte unterkneten. Teig gehen lassen.
Aufgegangenen Hefeteig in 4 Teile teilen und daraus gleichlange Rollen formen.
Rollen zu einem Zopf flechten und nochmals gehen lassen.
Bei etwa 175 °C etwa 40 Minuten goldgelb backen und mit Puderzucker bestäuben.

Kürbis-Mousse mit Sanddorn-Sahne

- 300 g Kürbis, fein gerieben
- 100 g weiße Kuvertüre
- 1–2 EL Butter
- Saft von 1 Zitrone und 1 Orange
- 1 Ei
- 1 Eigelb
- 300 g Sahne
- 2 EL Sanddornsirup

Zubereitung: Anspruchsvoll
Dauer ca. 50 Minuten

Kürbis in Butter weich garen und zerdrücken, das Ganze abkühlen lassen und durch ein Sieb streichen.
Weiße Kuvertüre schmelzen. Ei und Eigelb schaumig schlagen, Kürbispüree, Saft und geschmolzene Kuvertüre unterrühren.
100 g Sahne steif schlagen und unter die Kürbismasse heben.
Mousse in Gläser verteilen und etwa 3–4 Stunden kalt stellen.
Vor dem Servieren die restlichen 200 g Sahne mit 2 EL Sanddornsirup steif schlagen und auf der Kürbis-Mousse verteilen.

Kürbis-Dessert mit Mandeln

- 300 g Kürbis, geraspelt
- 1/4 L Milch
- 200 ml Sahne
- 125 g Zucker
- 100 g geriebene Mandeln
- 14 TL Kardamom
- evtl. Zimt
- Pistazien zum Verzieren

Zubereitung: Mittelschwer
Dauer: ca. 1 Stunde

Milch, Sahne, geraspelten Kürbis, Zucker, Mandeln und Gewürze bei geringer Hitze unter ständigem Rühren etwa 30 Minuten köcheln lassen, bis die Masse dicklich wird.
Nach Belieben abschmecken und in Gläser füllen. Warm oder kühl servieren.

Tipp:
Zum Verzieren eignen sich gehackte Pistazien, die dem Dessert eine exotische Note verleihen.

Kürbis mit griechischem Joghurt

- 400 g Kürbis, grob gestiftelt
- 75 g Zucker
- 1 Päckchen Vanillezucker
- 1 TL Zimt
- 250 g griechischer Joghurt

Zubereitung: Leicht
Dauer: ca. 30 Minuten

Kürbis mit Zucker bestreuen und zugedeckt über Nacht stehen lassen.
In eine backofenfeste Form füllen. Vanillezucker und Zimt dazugeben und gut verrühren.
Im Backofen bei 180 °C zugedeckt 20 Minuten backen. Im Anschluss weitere 5 Minuten ohne Abdeckung garen.
Mit griechischem Joghurt servieren.

Kürbis-Frischkäse-Aufstrich

- 300 g Kürbispüree
- 200 g Frischkäse
- 2 Knoblauchzehen
- 1/4 TL Salz
- 4 EL Olivenöl
- 1 rote und 1 grüne Peperoni

Zubereitung: Leicht
Dauer: ca. 30 Minuten

Geschälte Knoblauchzehen mit dem Salz in einem Mörser zerstoßen.
Frischkäse, Kürbispüree, Olivenöl und Knoblauch gründlich vermischen.
Feingehackte Peperoni nach Wunsch zugeben und vor dem Servieren damit garnieren.

Einfach lecker – Kürbis-Mousse mit frisch geschlagener Sanddorn-Sahne.

Bezugsquellen / Literaturempfehlungen

Saatgut

Bingenheimer Saatgut
Kronstraße 24
61209 Echzell-Bingenheim
www.bingenheimersaatgut.de

Bio-Saatgut
Eulengasse 2
55288 Armsheim
www.bio-saatgut.de

Dreschflegel
Postfach 1213
37202 Witzenhausen
www.dreschflegel-saatgut.de

Jansen
Postfach 300115
46399 Bocholt
www.kuerbis-info.de

Grüner Tiger Versandhandel
Pfarräckerstraße 13
90522 Oberasbach
www.gruenertiger.de

Hild Samen GmbH
Kirchenweinbergstraße 115
71672 Marbach
www.hildsamen.de

Österreich

Arche Noah
Obere Straße 40
A 3553 Schloss Schiltern
www.arche-noah.at

Schweiz

KCB Kürbis-Club Basel
Postfach 450
CH 4003 Basel
www.kcb-samen.ch

Kürbiskerne und Kürbiskernöl aus heimischen Anbau

Öhlmühle Hartmann
Lindenfeldweg 12
86420 Biburg
www.koenig-der-oele.de

Infos zum Thema Kürbis

Kürbis-Club.CH
Naturhistorisches Museeum
Augustinergasse 2
CH 4001 Basel
www.kcb-samen.ch

Literatur

Bänziger, Erica
Kürbiskerne-Kürbiskernöl
Midena & Fona Verlag, Lenzburg

Brancucci, Michael und
Bänziger, Erica
Das große Buch vom Kürbis
Midena & Fona Verlag,
Küttingen 2000

Buchter-Weisbrodt, Helga
Kürbis & Zucchini
Verlag Eugen Ulmer,
Stuttgart 2001

Körber-Grohne, Udelgard
Nutzpflanzen in Deutschland
Theiss Verlag, Stuttgart 1995

Lageder, Michael
Der Kürbis - die allergrößte Beere
Eigenverlag, Saalfelden am
Steinernen Meer 1998

Pfendtner, Ingrid und
Knochenhauer, Sabine
Vital und aktiv mit Kürbiskernöl
Urania Verlag, Berlin 1998

Pfisterer, Margarete
Speisekürbisse – Anbau-Sorten-
Lagerung und Verwendung
Verlag Eugen Ulmer,
Stuttgart 2001

Reiterer, Editha und Reinhold
Kürbis – von den Früchten,
den Kernen und ihrem Öl
Verlag Christian Brandstätter,
Wien 1994

Sailer, Slygh-Lichtenecker,
Sommer, Toifl
Das Neueste über den
Speisekürbis
Verlag Oskar Buschek,
Waidhofen an der Thaya 1999

Seidl, Erika
Lust auf Kürbis
Eigenverlag, Gleisdorf 2000

Stichwortverzeichnis

Bildnachweis

Alexander Bedoya – Fotolia.com: 32
Bauer Living, Redaktion deco&style, Burchardstr. 11, Hamburg: 68, 71 (alle), 72, 73, 79
Bender, Uwe/Stockfood GmbH: 98
Benshot – Fotolia.com: 41o
Besendorfer: 29
Blickpunkte/Stockfood GmbH: 109
Borstell: 2/3
Cato-Symonds, Shaun/Stockfood GmbH: 106
Chabankers – Shutterstock.com: 40
Chaloemkiad – Shutterstock.com: 13
Cmnaumann – Fotolia.com: 33u
Derek St. Romaine/The Garden Collection: 19
Desaxo – Fotolia.com: 27
Dwight Smith – Shutterstock.com: 61o
Elena Elisseeva – Shutterstock.com: 10
ER09 – Shutterstock.com: 20
Fedor Selivanov – Shutterstock.com: 70
Flora Press: 82
Flora Press/Visions: 33o
FoodPhotogr. Eising/Stockfood GmbH: 48, 104
FotosmitGeschmack/Stockfood GmbH: 86
Fritzundkatze – Fotolia.com: 41m
Ganzoben – Fotolia.com: 85, 93
GBA/Didillon: 38
Hrbková, Alena/Stockfood GmbH: 95
Ideenkoch – Fotolia.com: 47
Jakrit Jiraratwaro – Shutterstock.com: 59
Jane Sebire/The Garden Collection: 7
Kaspar-art – Fotolia.com: 22
Katrin Henning – Fotolia.com: 46o
Lister, Louise/Stockfood GmbH: 98
Malcam – Fotolia.com: 23
Marie O'Hara/The Garden Collection: 4, 78, 83
Medilek, Peter/Stockfood GmbH: 103
Nadjahase – Fotolia.com: 69
Nathalie Dulex – Fotolia.com: 41u
Nessli Orpmas – Shutterstock.com: 75, 76u, 77u
Oksana Perkins – Fotolia.com: 81
Persson, Per Magnus/Stockfood GmbH: 115
Philippe Michaud – Fotolia.com: 76o, 77o
Photon – Fotolia.com: 39
Pott: 42, 43, 45o, 45u, 53, 56u, 58, 61u
Ranung, Per/Stockfood GmbH: 67
Reinhard: 1, 16, 17, 25, 30, 34, 46u, 60, 89
Reiter: 14, 91 (alle), 92
Seidl: 88
Sherez – Fotolia.com: 26
Sonya etchison – Fotolia.com: 63
Sporrer, Brigitte/Stockfood GmbH: 107, 112
Stein: 8, 21, 49, 50u, 51, 52o
Strauß: 74, 80 (alle)
Streicher: 15, 28, 31, 44, 45m, 50, 52m, 52u, 54, 55, 56o, 56m, 59o, 62
Studio Schiermann/Stockfood GmbH: 110
Tania.Sohlman – Fotolia.com: 11
Tollhurst, Charlotte/Stockfood GmbH: 100
Torie Chugg/The Garden Collection: 36
Wieder, Frank/Stockfood GmbH: 96

Über die Autoren

Wer etwas über Kürbisse wissen will, ist bei **Brigitte Schöner** und **Hans Streicher** genau richtig. Hans Streicher ist gelernter Gärtner und hat Gemüsebau an der Fachhochschule Weihenstephan studiert. Viele Jahre war er Ausbildungsberater und Fachlehrer für Gartenbau, beim Bayerischen Landesverband für Gartenbau und Landespflege sowie am Botanischen Garten Augsburg war er darüber hinaus als fachlicher Mitarbeiter tätig. Kreative Anregungen gibt er den Teilnehmern seiner Kürbis-Schnitz-Kurse. Privat widmen er und seine Frau sich auf einem halben Hektar Ackerland intensiven Anbaustudien zu Mais, Bohnen, Kartoffeln – und besonders Kürbis. Neben ihrem gärtnerischen Interesse ist Brigitte Schöner auch eine passionierte Kennerin der Kürbis-Küche. Sie hat bereits unzählige Rezepte mit diesem besonderen Gemüse kreiert und verfeinert.

Bibliographische Information der Deutschen Nationalbibliothek

Die Deutsche Nationalbibliothek verzeichnet diese Publikation in der Deutschen Nationalbibliografie; detaillierte bibliografische Daten sind im Internet über http://dnb.d-nb.de abrufbar.

Überarbeitete und erweiterte Auflage (Neuausgabe) des Titels »Kürbis« aus der Reihe »BLV Garten Plus«.

Umschlagfotos:
Garden Collection/Torie Chugg (Vorderseite);
Garden Collection/Jane Sebrie (hinten links),
Stockfood (hinten Mitte),
Bauer Living (hinten rechts)

BLV Buchverlag GmbH & Co. KG
80797 München

Umschlagkonzeption und Innenlayout:
Kochan & Partner, München

Lektorat: Sandra-Mareike Kreß
Herstellung: Hermann Maxant
DTP: Satz + Layout Peter Fruth GmbH, München

Gedruckt auf chlorfrei gebleichtem Papier

Printed in Germany · ISBN 978-3-8354-0867-5